세상에서 가장 쉬운 불교

자현 지음

세상에서 가장 쉬운 불교

자현 스님이 풀어 주는
눈높이 사찰 해설서

담앤북스

친절하지 않은 불교책은 이제 그만

부처님께서는 길 가던 상인과 꼴 베던 목동 같은 우리 주변의 이웃들에게 가장 쉬운 언어로 말씀하셨다. 이것이 불교의 시작이다. 그런데 이 불교가 어느 순간 어려워졌다. 그래서 새롭게 일어난 '쉬운 불교라는 혁명'이 바로 대승불교다.

그리고 세월이 흘러 불교는 또다시 어려워진다. 이때 등장한 구원투수가 중국의 선불교다. 이들이 내건 슬로건은 '까막눈도 알 수 있는 불교', 세수하다가 코 만지는 일처럼 일상의 손쉬운 깨침과 행복이었다. 그러나 오늘날 선불교는 최상승의 수행자만을 위한, 양자역학보다도 난해한 특수코드처럼 되고 말았다.

왜 모든 쉬운 노력은 세월과 더불어 어려워지는 것일까? 수십 년 전에 찍은 빛바랜 사진을 보자. 사진 속 인물에게는 일상의 기록에 불과했던 순간이, 지금 우리에게는 잿빛으로 바랜 난해한 역사가 되어 있을 뿐이다. 우리가 공룡의 울음소리가 어땠는지 어려워하는 것은 쥐라기를 살지 않았기 때문이다. 온기 없는 화석을 쥐고 울음소리를 판단하려 하니, 얼마나 난해하겠는가? 이것이 바로 세월의 흐름과 더불어 불교가 어려워지는 이유다.

불교책을 쓰는 사람들이 범하는 흔한 오류가, '최대한 쉽게'를 추구하는데도 결국은 어렵게 된다는 것이다. 일반인과 전문가 사이에 '쉽다'라는 개념에 대한 온도 차가 존재하기 때문이다. 해서 최대한 불교 용어를 배제하는 불교책, 그리고 누구나 이 정도만 알면 되는 서머리summary 불교라는 개념을 생각해 봤다. 그 결과 '그림책같이 재미있고 쉬운 불교'라는 콘셉트가 완성되었다.

이 책은 1. 입문, 2. 문화, 3. 신앙, 4. 순례로 구성된, 불교 신도 혹은 불교에 관심 있는 분들을 위한 생초보 입문서다. 문턱은 없애고 그러면서도 기본은 빠뜨리지 않는 충실함을 담으려고 노력해 보았다. 반응이 괜찮으면, 교리, 역사, 문화, 예절, 깨달음 등의 시리즈를 준비할 것이다. 물론 내게는 시리즈물을 구상했을 때, 두 번째 책이 발행되지 않는 '비운의 징크스'가 있다.

그래도 나는 언제나 도전한다. 물이 제아무리 가로막혀도 굽이치며 돌고 돌아 바다에 이르듯, 나도 언제나처럼 가고 또 갈 뿐이다. 이것이 불교와 부처님을 위한, 가장 온당한 삶의 방식이기 때문이다.

유튜브에 의해서 종이책이 몰락하는 어느 시점에
―雨玆玄 筆

1장

입문 ———————— 불교란 무엇인가

2장

문화 ——————— 사찰의 이해

3장

신앙 ——————— 기도란 무엇인가

4장

순례 —————— 어디를 가 볼까요

1장   입문 ————

불교란 무엇인가

1.
절과 향은
모두
수입품

절하는 집이니까 절이라고?

한국사 속 위인들은 부모님이 지어 주신 이름 외에 '호號'나 '자字'를 한두 개 혹은 그 이상 가지고 있다. 본래 이름이 부모님의 자식에 대한 바람이 담기거나 별 뜻 없이 지어졌다면, 호나 자에는 자신이 거처하는 곳, 이루고자 하거나 이룬 것, 좋아하는 것 등 자신을 드러낼 수 있는 특별한 의미를 담았다.

어떤 명칭은 '달[月]+력歷'이나 '책冊+상床'의 경우처럼 여러 의미가 결합해 만들어지기도 하지만, 때론 대표적인 특징이 곧 그것을 지칭하는 명칭이 되는 경우도 있다. 샤프펜슬을 대중화시켜 크게 성공한 일본의 하야카와 토쿠지早川德次는 자신의 기업 명칭을 하야카와전기공업에서 샤프로 바꿨다. 오늘날의 샤프전자가 그것이다.

절이라는 이름도 그렇다. 사찰은 절을 하는 곳이기 때문에 절이라는 명칭으로 불리게 된다.* 한 특징이 대표성을 띠면서 명칭이 되는 것은, 그것이 외래문화일 때 보다 빈번하게 나타난다. 왜냐하면 외래문화는 전통적인 가치와는 달리 새롭게 변별해 내야 하는 필연성이 존재하기 때문이다. 1970년대에는 서양인을 보면 코쟁이라고 했다. 코가 큰 것을 특징으로 삼은 것이다. 이는 왜놈이나 되놈이라는 말에서도 확인된다. 왜놈은 왜소하다는 뜻에서, 되놈은 북쪽이라는 뜻에서 비롯된 말로 일본인과 중국인을 낮잡아 부르는 말이다. 세 단어 모두 특징적인 모습을 그들을 지칭하는 명칭으로 만들었다. 여기서 절도 혹시 외래문화일까 하는 궁금증이 생기게 된다.

불교를 타고 전래한 절

절은 인도의 전통 예법이다. 인도의 절은 몸에서 가장 높이 위치하는 머리를 상대의 가장 낮은 발에 대고 발을 만지면서, '나는 당신에게 비교될 수 없는 대상'이라는 것을 드러낸다. 우리나라 사찰에 가면 절을 하면서 손을 뒤집어 올리는 것을 볼 수 있는데, 사람들은 이를 부처님을 받들어 올린다는 의미로 받아들인다. 사실 이것의 정확한 명칭은 접불족례接佛足禮인데, 풀이하면 머리를 부처님 발에 대고 그 발을 손으로 만진다는 뜻이다. 결가부좌한 불상만을 볼 수 있는 우리나라에서 접불족례가 어떻게 가능한지 이해하기 어렵지만, 인도의 아잔타 석굴이나 엘로라 석굴에서 볼 수 있는 의자에 앉은 불상에서 전래 과정을 짐작할 수 있다.

만일 불상에 절을 올릴 때처럼 발을 만지는 것이 불가능하다면, 이마나 정수리를 땅에 대어 상대에 대한 깊은 존중을 표해야 한다. 이를 오

공경의 예를 표하는 절

인도 엘로라 석굴의 10번 굴 모습과 불상

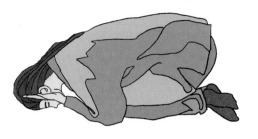

접불족례

오체투지

체투지五體投地라고 하는데, 두 손과 두 무릎, 정수리를 땅에 댄다는 의미이다. 즉 절의 원형原型은 오체투지인 것이다.

　　절은 동쪽으로만 전파된 것만이 아니라, 서쪽으로도 퍼져 나가 이슬람교와 기독교에도 영향을 주었다. 오늘날 이슬람에서 메카를 보고 하루에 다섯 번씩 기도할 때 예를 표하는 방식이 다름 아닌 절이다. 또 막달라 마리아가 예수의 발을 향유로 씻기고 입을 맞춘 것이나, 가톨릭에서 마리아의 발을 만지는 것 등도 모두 같은 의미라고 하겠다. 즉 절은 동서양을 아우르는 고대 예절 문화에 있어서 히트 상품이었던 것이다.

　　인도의 오체투지가 왜 우리나라에서 절로 불리게 되었는지는 불분명하다. 그러나 그 속에 '절복折伏'®의 의미가 있고, '간절懇切'하고 '절절切切'한 염원이 서려 있기 때문이 아닌가 추정된다.

●
부처님의 가르침을 설법하여 악인이나 악법을 굴복시켜 불법을 따르게 한다는 뜻이다.

장천1호분 〈예불도〉
〈예불도〉 중심에는
수미좌 위에
여래가 앉아 있다.
화면 우측 하단에는
부부로 보이는 남녀가
여래에게 오체투지로
배례공양하는 모습이
담겨 있다.

원조와 변형

절이 인도의 수입품이라는 점을 인지한다면, 유교의 절은 불교에 영향받은 모사라는 것을 알게 된다. 즉 '유교의 절이 옳으냐, 불교의 절이 옳으냐?'의 문제는 원조만 정확하게 알면 끝난다는 것이다.

　우리나라에서 절을 하는 모습을 볼 수 있는 가장 오래된 유적은 중국 길림성 집안시에 있는 5세기 고구려 무덤인 장천1호분의 〈예불도禮佛圖〉이다. 이때는 오늘날과 같은 좌식 문화가 아닌 입식 문화였고, 머리를 댄다는 의미를 정수리로 이해했기 때문에 마치 원산폭격을 하는 듯한 힘든 모습을 연출하고 있다.

　동아시아에 절이 전파되기 전에는 손을 맞잡아서 얼굴 앞으로 올리는 '읍揖'이라는 예법을 사용했다. 동아시아 전통 예법은 대체로 손을 맞잡는 것을 기본으로 한다. 덕분에 절이 수용되자 유교에서는 절하는 손을 맞잡아 교차하는 방식을 취하게 된 것이다. 이는 마치 악수를 할 때, 우리의 예절방식에 입각해서 허리를 과도하게 굽히는 것과 같다.

유교식 절하는 모습

중국 북경 국자감의 공자상

이집트벽화에 그려진
향을 올리는 모습

향香, 고대의 메신저

향의 기원은 이집트이다. 고대 사회에서 독실하게 신을 믿던 이집트인들은, 모든 것을 다 가진 신에게 무엇을 바치면 기뻐할까를 고민했다. 그들은 마치 우리가 자신보다 훨씬 우월한 사람에게 선물해야 할 때의 고민을 했던 것이다. 이집트인의 해답은 향이었다. 이집트가 무더운 기후로 냄새가 많이 나기 때문이었다.

이집트의 향 문화는 같은 더운 기후 지역인 페르시아와 인도를 일거에 매료시키게 된다. 예수 탄생 때 동방박사가 주었다는 유향과 몰약● 역시 모두 향이며, 향을 바친 것은 이집트에서처럼 존숭의 의미로 해석된다.

●
유향 열대식물인 유향나무의 수액을 건조시켜 만든 향료.
몰약 감람나무과의 몰약수 또는 합지수에서 얻은 수액 결정으로, 향료와 약재로 사용된다.

『삼국유사』「아도기라阿道基羅」조에는, 우리나라에 처음으로 향이 전래하자 '무엇에 쓰는 물건인가에 대한 방을 붙였다'는 기록이 있다. 이때 아도阿道 화상과 함께 신라에 불교를 전한 외국 승려 묵호자墨胡子＊가 '향은 신성神聖과 통하는 것이며, 가장 신성한 존재는 부처님'이라는 가르침을 준다. 즉 당시의 향이란, 그 사용법조차 알지 못하는 새로운 문화였던 것이다.

오늘날 절과 향은 불교뿐만 아니라 유교와 전통 의례에서도 핵심적인 위치를 차지하고 있다. 이렇게 놓고 본다면 절과 향이야말로 불교를 타고 전래한 고대 동아시아의 최대 히트 상품이었다고 하겠다.

＊ 묵호자는 사람 이름이나 승려의 명칭이 아니라, '검은 옷(묵墨)을 입은 외국인(호胡) 선생(자子)'이라는 의미이다.

2.
사찰은
왜
산에 있을까?

조선 시대에 도시의 절들이 사라지다

사찰 하면 으레 산사를 떠올리곤 한다. 산의 푸르름과 덧대어진 한옥의 고운 처마 선은 자연과 인공의 경계를 허무는 우리의 자랑스러운 전통을 흠뻑 느끼게 한다. 그런데 한 번 더 생각해 보면, '신라나 고려의 왕과 귀족들이 정말 비포장의 굽이진 길을 돌아서 백 리나 떨어진 사찰에 다녔을까?' 하는 의문을 갖게 된다.

『삼국유사』의 황룡사 창건 기록을 보면, 진흥왕이 왕궁을 지으려고 하다가 용이 나타나는 기이한 모습을 보고 절로 바꾸었다고 한다. 왕궁이란 요즘으로 말하면 시청인 셈이다. 그런데 시청을 도시의 변두리에 지었을까? 상식적으로만 생각해 봐도 당연히 아니다.

불교가 주류였던 시절 중요한 사찰은 도시에 있었다. 물론 당시에는 사찰이 아주 많았고, 또 명상을 중요하게 여기는 선종도 있었기 때문에 산에도 위치했다. 즉 도시와 산에 모두 사찰이 들어서 있었다는 말이다. 이 중 왕이나 귀족이 주로 다닌 곳은 가까운 도시사찰(평지사찰)이었고, 가끔 산사(산지사찰)를 찾아 참배했다. 교통이 발달하지 않았던 당시의 상황을 고려한다면, 산사를 찾는 것은 요즘으로 치면 휴가를 내고 해외여행 가는 정도라고 이해하면 되겠다. 즉 큰마음을 먹어야 가능했던 일이라는 말이다.

그러던 것이 유교를 숭상하고 불교를 억압한 조선 시대를 거치면서 도시의 절들이 모두 사라지게 된다.* 한옥은 못을 쓰지 않는 짜맞춤 기법으로 만들기 때문에 개·변조가 용이하다. 마치 레고 블록을 조립하고 해

● 숭유억불의 조선에서 그나마 도심과 가까운 곳에 남은 사찰은 선왕의 명복을 비는 능침 사찰인 경우가 다수이다. 이런 사찰은 봉은사奉恩寺(선릉), 봉선사奉先寺(광릉), 봉국사奉國寺(정릉) 등 이름에 '받들 봉奉' 자가 들어가는 특징을 보인다.

황룡사 복원도

경남 하동 쌍계사 전경

체하듯이, 사찰을 헐어서 그 재료로 양반집을 만들었다. 덕분에 조선 시대에는 산사만이 남았다. 이것이 우리가 절 하면 으레 산사를 떠올리게 되는 진짜 이유이다.

절에서 밥을 주는 이유는?

'절밥은 맛있다'는 말이 있다. 이 말은 사실이기도 하고 동시에 사실이 아니기도 하다. 절밥이 맛있는 것은 파, 마늘, 부추처럼 맛이 강한 재료를 쓸 수 없어서 식재료 본연의 맛을 보다 잘 느낄 수 있기 때문이다. 불교에서는 이 재료들을 오신채五辛菜*라고 한다. 요즘 사찰음식 전문점이 유행하는 것도 바로 이와 같은 이유 때문일 것이다. 그러나 사실 절밥에 특별히 대단한 재료가 들어가지는 않는다. 즉 절밥이 맛있는 이유는 많이 걸어 시장한 상태에서, 평소에 잘 먹지 않던 것을 공기 좋은 곳에서 먹기 때문에 우리 입맛이 빚어낸 일종의 착각이라고 하겠다.

그런데 왜 절에서는 밥 인심이 후한 것일까? 이유는 두 가지다. 첫째는 사찰이 집과 가까운 도시에 있는 것이 아니라 먼 산중에 위치하기 때문이다. 즉 거리상 밥을 주지 않을 수 없다는 말이다. 둘째는 우리의 제사 풍습에는 음복飮福이라고 해서 제사가 끝나면 제물을 나누어 먹는 전통이 있다. 이 문화가 사찰에도 들어와 음식을 공유하는 '밥 인심'을 만들어낸 것이다.

원래 부처님 당시 사찰 안에는 부엌이 없었다.** 이유는 음식을 관리하게 되면 수행자들이 신경 쓸 일이 많아지고 집착을 일으킬 수 있기 때문이었다. 그래서 당시 승려들은 벌이 꿀을 취하듯, 바람의 흐름처럼 탁발***을 했다. 그런데 한국불교의 산사는 문화와 배경의 차이로 인해, 어

* 불교에서 특별히 먹지 못하게 하는 음식이다. 마늘과 파·부추·달래·흥거의 다섯 가지로, 대부분 자극이 강하고 냄새가 많이 난다. 흥거는 백합과의 식물인데 동아시아에서는 나지 않으며, 한국에서는 대신 양파를 금지하고 있다.

** 인도의 불교 초기에는 전적으로 탁발에 의존했기 때문에 사찰에는 부엌이 존재할 필요가 없었다. 다만 탁발해 온 음식을 데치는 공간으로 '정지淨地'라는 곳이 있었는데, 이 정지라는 표현이 불교를 타고 우리나라에까지 전래해 방언으로 부엌을 '정지간'이라고 칭하는 측면이 남아 있다.

*** 인도의 수행 문화 중 하나로 출가 수행자가 무소유를 실천하고 수행에 집중하기 위해 음식을 외부에서 구하는 방식이다.

느 결에 최고의 밥 인심이 있는 곳으로 탈바꿈했다. 이렇게 산사에는 '집밥'과는 다른 '절밥' 문화가 자리잡게 되었다.

사찰건축, 도시와 가깝고 부담 없이 지어져야

사찰 하면 떠오르는 이미지 중 하나는 산세와 어우러진 한옥의 유연한 곡선이다. 일본의 야나기 무네요시는 그의 명저 『조선을 생각한다』에서 서울의 겹겹이 펼쳐진 한옥의 선들을 파도치는 물결에 비유했다. 우리의 선線 문화에는 이렇게 직선이 아닌 곡선의 미가 존재한다.

그런데 한옥은 우리의 전통건축이지 않은가? 인도에는 당연히 한옥으로 된 사찰은 존재하지 않는다. 즉 우리가 한옥에서 느끼는 소위 '절맛'이라고 하는 것은 사실 우리 전통의 익숙함에서 오는 착각일 뿐이다.

경남 양산 통도사

金剛戒壇

龍宮滿藏醫

부처님은, 사찰은 도시와 가까이 있어야 하며 부담 없이 지어져야 한다고 말씀하셨다. 종교에는 수행이라는 개인적인 기능도 있지만, 동시에 사회를 계몽하고 이끌어 나가야 하는 책임도 있기 때문이다. 그러므로 사회를 맑게 하려면 도시에서 멀어져서는 안 되는 것이다. 또 그렇게 만들어지는 사찰은 그 시대의 문화에 따른 건축이면 충분하다. 바로 이 점 때문에 우리나라의 사찰건축은 한옥이 된 것이다.

이는 현대의 사찰건축에 대해 이 시대에 맞는 접근법이 요청된다는 것을 의미한다. 이것이 진정한 사찰건축이며 불교의 정신이다. 전통의 파괴도 문제지만 묵수도 문제다. 흐름이란 거스르지 않는 것을 최상으로 놓는다. 이것이 바로 붓다가 말하는 중도이며, 오래되었어도 언제나 새로운 명품의 가치라고 하겠다.

●
『사분율』 권50의 「방사건도房舍揵度」 등에서 살펴지는 붓다의 사찰의 위치에 대한 규정이다. 부처님 당시는 승려들의 공양을 탁발에 의존했기 때문에 마을에서 먼 곳에는 절이 존재할 수 없었다. 또 여기에는 지속적으로 세속과 접하며 포교하라는 뜻도 내포되어 있다.

부산의 도심사찰인
안국선원

3.
불상은
왜
금빛일까?

부처님은 황인일까?

사찰에 모셔진 불상은 온통 금빛으로 되어 있다. 착용하고 있는 의복인 가사kaṣāya야 금색일 수도 있지만, 피부색마저도 금빛인 걸 보면 '부처님은 황인이었던 것이 아닐까?'라는 생각을 하게 된다.

인도의 부처님 유적지를 순례하다 보면, 부처님 고향인 네팔의 카필라바스투를 들르게 된다. 네팔은 과거에는 하나의 인도라는 관점 속에 있었지만 지금은 엄연한 별도의 독립국이다. 덕분에 국경을 통과하면서 시간이 꽤 지체되곤 한다. 그런데 네팔을 가면, 그곳은 인도인과는 다른 몽골로이드(황색 인종)의 땅이라는 것을 알게 된다. 안 씻어서 지저분한 것을 제외하면 생김새는 우리와 구별이 어려울 정도이다. 그래서 좀 지저분한 일행에게, "너는 말 안 하고 서 있으면 현지인이 길 물어보겠다."는

네팔 사람들

농담을 하곤 한다.

　　실제로 부처님의 나라인 카필라국의 카필라 역시 노란 얼굴[黃頭], 즉 거룩한 황인과 관련이 있다. 그렇다면 부처님도 역시 황인이 아니었을까? 그러나 부처님 종족은 사탕수수왕[감자왕甘蔗王]을 시조로 하는, 인도 내륙에서 이주한 아리안족 즉 백인이다. 불국사 석굴암 본존불의 눈을 자세히 들여다보면 파르스름한 색이 아직까지 남아 있는데, 이는 부처님의 눈동자가 백인들에게서 보이는 푸른색이었다는 전승에 따른 것이다. 또 불화나 불상 중에는 눈썹이나 수염 또는 머리카락이 푸른색으로 처리된 경우가 있는데, 이 역시 부처님이 파르스름한 머리와 체모를 가졌다는 기록에 따른 것이다.*

　　그런가 하면 석굴암 본존불의 안정적인 삼각형의 양반다리 모습은 늘씬한 다리의 서구 체형을 나타내고 있다. 지금이야 우리나라 사람들의 식습관이 서구화되어 팔다리가 길어졌지만, 불과 1~2세대 전만 해도 단신에 사지가 짧지 않았던가. 그런데도 고대의 얼짱 불상에서는 우월한

*
『대방등대집경』이나 『대지도론』 등에 따르면, 부처님께서는 32상과 80종호를 갖추신 것으로 되어 있다. 이 32상·80종호를 축약한 명칭이 바로 '상호'이다. 이에 따르면 32상 중에는 눈동자가 감청색이라는 '감색목상紺色目相'이 있으며, 80종호 중에는 체모가 청색이라는 '발색호여청주髮色好如青珠'의 항목이 있다.

불국사 석굴암 본존불과
본존불의 푸른 빛이
남아 있는 눈

기럭지가 보이는 것이다. 그렇다면 부처님이 황인도 아닌데 불상은 왜 금색으로 표현되고 있는 것일까?

영생과 존귀함을 상징하는 금

세상에는 금보다 더 희귀한 금속이 많다. 그러나 금처럼 귀금속을 대표하며 화폐가치라는 절대적인 위상을 가지는 금속은 없다. 그런데 한 번 더 생각해 보면, 금은 무기나 농기구를 만들기에는 너무 무르고 약한 금속이다. 오늘날까지 올림픽에서 금메달을 딴 선수가 메달을 깨무는 듯한 세리머니를 하는 것은 이러한 무른 금의 특징을 잘 보여 준다. 즉 금은 장신구의 의미는 있지만 실질적인 쓰임에서는 그다지 유용하지 않은 것이다. 그런데도 금은 인류가 문명을 세운 이래 전 시대와 전 지구에 걸쳐서 모든 금속의 최상위 가치를 점하고 있는 아이러니를 연출하고 있다.

무언가 좀 이상하지 않은가? 금은 자연적으로는 부식되지 않는 유일한 금속이며, 오로지 염산과 질산을 혼합한 왕수에 의해서만 부식된다. 실제로 발굴되는 유물을 보면, 은은 검은색으로 동은 푸른색으로 모습을 드러낸다. 가야의 철기 유물 같은 경우는 완전히 녹이 슨 모습으로 출토된다. 그런데 금은 마치 어제 묻힌 것처럼 원래 모습 그대로 나온다. 이것을 뻔히 알면서도 감탄하지 않을 수 없는 것이 금의 매력인 것이다.

부식되지 않는 금은 곧 영원과 불변을 상징한다. 그래서 중국에서는 금으로 된 단약●인 금단金丹을 신선이 되는 영생약永生藥으로 생각했다. 오늘날 우황청심환이나 공진단의 표면에 금박을 씌우는 것과 일맥상통한다. 즉 '금박의 환약 = 최고의 약'이라는 의미를 내포하는 것이다. 유럽에서 화학의 발전을 이끌어 낸 연금술鍊金術이 금을 만들어 내는 데 골몰

● 신선술을 닦는 이들이 만든다는 장생불사의 영약.

금을 합성하려고 시도하는 연금술사

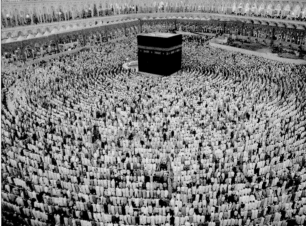

1   2
     3
     4

1. 바티칸 성 베드로
   대성당 금장식
2. 예루살렘
   바위사원 황금돔
3. 메카의 카바 신전
4. 중국 자금성 황금
   지붕

한 것 역시 불사, 즉 영생의 비밀에 접근하기 위한 것이었다.

모든 종교의 목적에는 방식은 다르지만 영생이라는 측면이 존재한다. 이를 현실적으로 상징하는 것이 바로 금이다. 이것은 분명 고대의 주술적인 관점이다. 그러나 이러한 인류의 생각이 오늘날까지 이어져 금을 최고의 귀금속이자, 달러를 능가하는 절대화폐로 생각하게 하는 것이다.

금의 절대적인 상징성으로 인해 인류 문명은 최고의 존귀함과 관련된 표현에 금을 사용했다. 이는 바티칸의 성 베드로 대성당이나 예루살렘의 이슬람 바위사원, 메카의 카바 신전이나 중국의 자금성에 이르기까지 금으로 치장된 공통된 장엄을 통해서 확인할 수 있다. 이와 같은 황금의 상징성 속에 바로 불교 사원과 불상도 존재하고 있는 것이다.

황금빛은 황제에게만 허용된 색

좀 오래된 영화이기는 하지만, 1987년에 만들어진 〈마지막 황제〉라는 작품이 있다. 이 영화는 1988년 제60회 미국 아카데미 시상식에서 작품상, 감독상 등 9개 부문을 수상한 명작으로, 청나라의 마지막 황제인 푸이[溥儀, 1906~1967]가 세 살에 황제에 즉위해 파란만장한 삶을 살다가 평범한 정원사로 마치는 일대기를 사실적이면서도 장엄하게 표현하고 있다.

그런데 이 영화에서 어린 시절의 푸이가 동생 푸제와 함께 놀다가, 푸제가 속옷에 황색 비단을 사용한 것을 발견하고 그 자리에서 정색을 하며 뺨을 올려붙이는 장면이 있다. 형만 입을 수 있는 황색 옷을 입고 싶었던 어린 동생의 철없는 행동과, 신분제 사회에서 있을 수 없는 일에 대한 단호한 처사가 한데 섞여 있는 장면이다.

황제의 제국에서 황색은 황제 1인에게만 허용된 색이었다. 그래서 중국을 섬긴 조선의 군왕은 붉은색의 제후 복장 이상을 착용하지 못했다. 그러나 여기에도 예외는 있었으니, 그것이 바로 성인聖人이다. 중국의 전통문화에서 성인은 황제와 동등한 최고의 지위를 갖는다.* 그렇기 때문에 불상에는 지존을 상징하는 황색이 사용되는 것이다. 이는 조선이라는 숭유억불의 시대에도 바뀌지 않은 뿌리 깊은 전통이었다. 즉 제아무리 조선의 임금이 높다 해도 부처님의 존엄에는 미치지 못한 것이다. 그것이 바로 황금빛 불상으로 나타났으며, 또 다른 황제의 상징인 쌍룡이 부처님을 모신 전각을 장엄하고 있는 이유이기도 하다.

● 중국문화에서는 성인은 군주 중에만 존재할 수 있다는 '성인군주론聖人君主論'이 있다. 이로 인해 유교에서 흔히 말하는 성인인 요·순·우·탕·문·무·주공 등은 모두 군주이다. 또 군주가 아니었던 공자나 관우를 성인으로 만들기 위해서, 공자를 문선왕文宣王과 소왕素王으로, 관우를 관왕關王과 관제關帝로 추증하는 해프닝을 벌이기도 한다.

중국 청나라 제4대 황제 강희제의 황금빛 의상

통도사 대광명전 현판과 용 조각

불국사 대웅전 내부 용 조각

인도 갠지스강

4.
불교는
어떻게
시작되었을까?

신이 아닌 진리를 따르는 불교

인간의 이성이 닫혀 있던 미개한 시절, 모든 인간은 스스로를 보호해 줄 수 있는 강력한 힘을 요청했다. 이것이 종교학적으로 '강자에 대한 의존'이라고 하는 것, 바로 신이다. 이 시기의 신은 모든 것을 해결해 줄 수 있고, 자신을 믿고 섬기는 이에게 영생을 선물해 주는 만병통치약과 같은 존재였다. 그러나 문명이 발전하고 인간이 이성적인 사유를 하면서, 신이란 슈퍼맨처럼 신화 속에나 존재할 뿐이라는 것을 인지하게 된다.

붓다는 인도 갠지스 강변에서 신을 믿는 사제를 만났다. 사제는 붓다에게 신을 믿고 받들면 죄가 없어져 천국에 갈 수 있다고 설명한다. 그러자 붓다는 강물에 돌멩이를 던지고는 "신의 이름으로 기도한다고 저 돌멩이가 떠오르겠는가?"라고 반문한다. 사제가 "불가능하다"고 하자,

갠지스강의
힌두교 사제

붓다는 "선업善業을 지은 사람은 가라앉히려고 해도 뜨고 악업惡業을 지은 사람은 띄우려고 해도 가라앉는 것이지, 이것은 누가 개입할 수 있는 것이 아니다"라고 이야기한다. 즉 돌멩이는 가라앉고 스티로폼은 뜨는 것처럼, 질료의 속성이 그런 것이지 신이나 신앙으로 바뀔 수 있는 것이 아니라는 말이다. 이는 신이 아닌 진리가 불교의 기준이라는 것을 의미한다. 즉 신에게 잘하면 '예쁜 놈 떡 하나 더 준다'와 같은 불합리성을 버리고,• 진리의 합리성을 따르는 것이 바로 불교이다. 그래서 불교를 '지혜의 종교'라고 하는 것이다.

불교는 신이 아닌 진리를 추구한다. 이것이 불교의 첫 단추이다. 진리는 붓다에 의해서 발명된 것이 아니라 발견된 것이다. 마치 뉴턴이 만유인력의 법칙을, 아인슈타인이 상대성 이론을 발견한 것처럼 말이다. 그래서 붓다는 스스로를 "고성古城을 발견한 사람이며, 그곳으로 인도해 주는 길잡이"라고 말했다. 그래서 오늘날 모든 사찰에서 아침저녁으로 올리는 아래의 〈예불문禮佛文〉에서처럼, 붓다를 '도사導師' 즉 인도자이자 가이드라고 칭하고 있는 것이다. 즉 붓다는 우리를 진리로 인도해 주는 위대한 선생님이라는 말이다.

●
유신론 종교에서 신과 인간은 대등하거나 계약관계를 성립할 수 없다. 이로 인해 천국은 신을 믿은 대가가 아닌 은총과 선물이 된다. 이러한 구조는 인간이 신에게 영원히 종속될 수밖에 없는 상황만을 만들어 낸다.

지심귀명례至心歸命禮 삼계도사三界導師 사생자부四生慈父
시아본사是我本師 석가모니불釋迦牟尼佛.
온 우주의 인도자이시며 모든 생명 있는 존재의 자애로운 어버이신,
우리의 참스승 석가모니 부처님께 지극한 마음으로 목숨을 다하여 예경 올리옵니다.

우상숭배의 진실

선禪불교에서는 '달을 가리키는데 달은 보지 않고 손가락만 보고 있다'는 말이 있다. 또 붓다는 '어떤 사람이 강을 건너기 위해서 뗏목을 이용하고는, 그 고마움을 기리기 위해 뗏목을 계속해서 끌고 가는 것'에 대해서 이야기한다. 두 경우 모두 수단에 전도된 목적에 대해 말하고 있다.

손가락과 뗏목은 목적을 위한 중요한 수단이다. 불교에서는 이것을 좋은 방편[선교방편善巧方便]이라고 한다. 그런데 개중에는 손가락과 뗏목에 집착하는 사람이 더러 있다. 이럴 경우 좋은 방편이던 손가락과 뗏목은 우상으로 바뀌게 된다.

개신교에서는 신이라는 목적을 위한 모든 수단은 우상이라고 주장한다. 그래서 가톨릭의 마리아상이나 불상마저 우상이라고 비판한다. 우상비판에 더 철저한 이슬람교에서는 '기독교의 십자가'나 '여호와'라는 명칭 역시 신을 상징하는 우상숭배라고 부정한다. 실제로 이슬람의 모스크에는 신을 상징하는 그 어떤 표식도 존재하지 않는다. 그들이 말하는 알라신이란, 단지 유일신이라는 대명사일 뿐이다.

그런데 붓다는 진리로 인도해 주는 분이지 신이 아니다. 또 불교는 신을 좇는 종교도 아니다. 마치 대치동의 족집게 선생님처럼 진리의 핵심을 가르쳐 주는 분이 바로 붓다일 뿐이다. 이런 점에서 붓다는 우상일 수 없으며, 오늘날 가장 많은 우상은 대한민국의 밤을 붉게 물들이는 십자가라고 하겠다.

어떤 사람이 자신의 집 담벼락에 계속해서 낙서가 발생하자, 담에 '낙서금지'라고 적었다. '낙서금지'는 낙서를 금지하기 위한 방편의 낙서이다. 이것을 통해서 낙서가 사라지자, 주인은 '낙서금지'라고 쓴 낙서마저 지운다. 불상이란 이러한 '낙서금지'와도 같은, 우리의 내면을 자각하기 위한 좋은 방편인 것이다.

누구나 붓다가 될 수 있다

불교는 석가모니 붓다가 발견한 진리에 대한 가르침을 좇는 종교이다. 나침반이 배를 직접 끌고 가는 것은 아니지만, 나침반에 의해서 배는 바른 길로 인도된다. 붓다의 가르침은 자유를 갈망하는 모든 인간에게 바로 배의 나침반처럼 작용하는 것이다.

진리를 통해서 모든 인간은 붓다가 될 수 있다. 붓다란 석가모니를 가리키는 것이 아니다. 붓다란 '깨달은 사람'이라는 의미이며, 석가모니 붓다라는 표현은 붓다 가운데 석가모니를 가리키는 표현일 뿐이다. 마치 조선 왕이라는 범주 속에 태조·태종·세종 등 27명이 포함되는 것처럼, 붓다라는 범주에는 석가모니불·아미타불·미륵불 등 진리를 자각한 모든 붓다가 포함된다. 그리고 우리 역시 진리를 각성하면 붓다가 된다. 즉 붓다는 가르침을 주는 대상인 동시에 우리가 도달해야 하는 목적이기도 하다. 마치 대학에서 교수님에게 가르침을 받지만 나중에는 스스로 또 다른 교수가 되는 것처럼 말이다.

고통받는 삶에서 벗어나 진정한 행복과 자유를 찾아 진리에 의지하는 사람이 붓다를 따르는 사람이다. 그리고 이들의 첫머리에 진리의 발견자로서 석가모니 붓다가 있다.

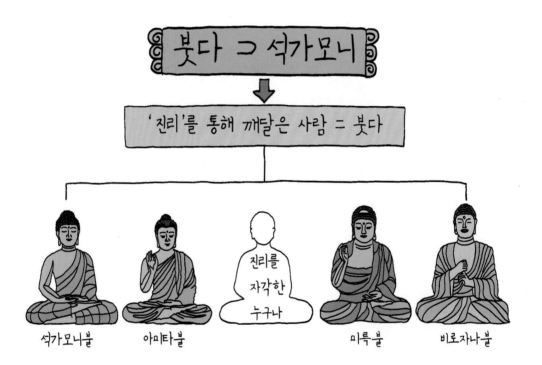

붓다 ㄱ 석가모니

↓

'진리'를 통해 깨달은 사람 = 붓다

석가모니불   아미타불   진리를 자각한 누구나   미륵불   비로자나불

5.
불교를
구성하는
3대 요소

신 중심 종교와 인간 중심 종교

영국의 버트런드 러셀은 그의 저서 『서양철학사』 서문에서, 유럽인들이 '세계철학사'라는 제목을 사용하면서도 동양철학에 대해서는 언급하지 않은 문제를 꼬집었다. 그러면서 이것이 자신의 책 제목을 '세계철학사'라고 하지 않고 '서양철학사'라고 한 이유라고 밝혔다. 이 문제는 세계문학전집 등에서 아직도 유효하다. 말은 세계문학전집이지만, 전집에 포함된 동양문학은 펄 벅의 『대지』나 가와바타 야스나리의 『설국』 정도가 고작이다. 더구나 펄 벅이 미국인이라는 점을 감안한다면, 세계문학이라기보다 서양문학이라고 하는 것이 맞다.

서양이 동양의 종교를 바라보는 시선 역시 마찬가지다. 그들은 신이 중심이 되지 않는 종교를 생각해 보지 않았다. 그러나 동양, 특히 동아시아 종교인 불교와 유교 및 도교의 핵심적인 위치에 있는 것은 신이 아니다. 즉 종교에는 신을 중심으로 하는 종교와 인간을 중심으로 하는 종교의 두 가지가 존재하는 것이다. 신 중심의 종교는 신의 창조와 사후의 천국을 말한다. 그러나 인간 중심의 종교는 현실의 바른 삶을 말하며 내면의 각성을 요청한다. 이런 점에서 양자는 완전히 다른 관점에 의한 발달 과정을 거치게 된다.

처음에 서양에서는 자신들의 독단 속에서 인간 중심의 종교는 종교가 아니라고 봤다. 이는 오늘날까지도 한국 사회에서 '유교도 종교인가?'라는 문제로 존속하고 있다. 그러나 17세기까지 서양보다 발달했던 동양의 전통을 인정하지 않을 수 없게 되면서, 종교는 새로운 개념 정의를 요청받게 된다. 이렇게 해서 제시되는 것이 종교 구성의 세 가지 요소인 교조·교리·교단이다. 그런데 이러한 현대의 종교 정의인 3요소(제도 종교의 3요소)에 정확하게 부합하는 것이 바로 전통적인 불교의 불佛·법法·승僧 삼보三寶(tri-ratna)이다.

삼보란 세 가지 최고 핵심이라는 의미이다. 그러므로 불교는 삼보를 중심으로 하는 삼귀의*, 즉 삼보에 의지하는 방식을 제창했던 것이다. 이렇게 놓고 본다면, 불교야말로 현대의 합리성이 종교를 재규정하기 이전부터 분명한 종교적 인식을 가지고 있었던 최상의 종교라고 하겠다.

●
불佛·법法·승僧 삼보에 귀의하는 일. 부처님과 부처님의 가르침, 그 가르침을 따르는 스님들께 귀의함을 말한다.

●●
붓다의 음역은 불타佛陀이다. 그러나 서역을 거치면서 붓다가 서역 언어인 붓but으로 변모하게 되는데, 이를 중국에서 음역한 것이 불佛이다. 즉 불은 불타의 축약형인 동시에 축약형이 아닌 것이다.

붓다와 달마

불·법·승은 붓다·달마·승가를 축약하거나 번역한 것이다. 이 중 붓다란,** 여기에서는 교조인 석가모니 붓다를 가리킨다. 불교에서는 누구든 진리를 깨달으면 붓다가 된다고 가르친다. 그러다 보니 시간과 공간 속

쌍계사 목조삼세불좌상
(좌-아미타불, 중-석가모니불,
우-약사여래불)

에 많은 붓다들이 존재하게 된다.● 그러나 우리는 이들 붓다와 이분들의 가르침을 알지 못한다. 이는 프리즘을 통과하지 않으면 빛에 일곱 가지 색깔이 있다는 것을 모르고, 라디오가 없으면 허공의 전파를 수신해서 방송을 들을 수 없는 것과 같다. 이러한 프리즘과 라디오의 역할을 하는 것이 바로 석가모니 붓다이다. 즉 석가모니 붓다만이 실존 인물이며, 불교에서 말하는 다른 붓다들은 모두가 석가모니에 의해서 언급된 붓다라는 말이다. 이렇기 때문에 석가모니가 불교의 교조가 된다. 마치 코페르니쿠스가 지동설의 발견자인 것처럼 말이다.

● 붓다란 각자覺者, 즉 깨달은 사람을 나타내는 보편적인 용어이다. 그렇다 보니 우리의 세계 말고도 다양한 공간 속에 여러 붓다가 존재할 수 있다. 이를 다른 방위 속의 붓다, 즉 타방불他方佛이라고 한다. 타방불의 대표적인 구조는 '서방-아미타, 중앙-석가모니, 동방-약사여래'의 삼계불三界佛이다. 또 우리의 시간대와는 다른 과거와 미래에도 존재할 수 있다. 이를 다른 시간 속의 붓다, 즉 타시불他時佛이라고 한다. 타시불의 대표적인 구조는 '과거-제화갈라(연등불), 현재-석가모니, 미래-미륵'의 삼세불三世佛이다.

코페르니쿠스 이전에도, 아니 태양계가 존재한 이래로 천동설이었던 시기는 단 한 차례도 없었다. 그러나 인류는 오랫동안 현실을 바로 보지 못하는 깊은 착각 속에 있었으며, 이것을 각성시킨 인물이 바로 코페르니쿠스이다. 그래서 칸트는 철학에서, 이처럼 보면서도 알지 못하는 것을 바로 보게 해 주는 관점의 대전환을 '코페르니쿠스적 전환Copernican Revolution'이라고 명명한다. 석가모니 역시 우주 속의 보이지 않는 별을 찾아서 알게 해 주는 천체망원경처럼, 우리들에게 또 다른 붓다의 존재와 가르침을 보게 해 주는 분인 것이다.

코페르니쿠스가 지동설이라는 가르침으로 인류를 계몽한 것처럼, 석가모니 역시 진리를 통해서 인간 내면을 각성시켜 행복으로 인도한다. 이러한 가르침을 인도 말로는 다르마Dharma라고 하며, 이를 음역해서 달마達磨라고 한다. 우리가 흔히 아는 눈이 툭 튀어나온 〈달마도〉의 주인공 달마대사의 이름은 바로 여기에서 기인하였다. 달마를 한자로 옮겨 법法이라고 했는데, 이는 민법·상법과 같은 사회법이 아니라 법칙이라는 의미이다. 즉 우주나 자연계의 법칙과 같은 보편적이고 원리적인 것이 곧 법이라는 말이다.

신은 자의적이다. 그러나 법칙은 보편타당성을 가진다. 이런 점에서 신에게는 잘 보이기 위한 찬양만이 존재한다면, 법칙의 접근에는 분석과 추구라는 이성적인 노력이 존재한다. 로마 시대 신학자인 테르툴리아누스는 "나는 불합리하기 때문에 믿는다"라는 유명한 말을 남겼다. 그러나 석가모니는 "합리적이지 않다면, 내 가르침이라도 버려라"라고 주장하고 있다.

대구 동화사 대웅전
달마대사 외벽화

중과 스님 그리고 스승님

●
승가는 서역을 거치면서 그들의 언어인 상그samgh나 상크samk로 변형된다. 상그와 상크의 뒤글자인 그와 크는 발음상에서는 묵음에 가깝다. 이로 인해 중국에서 승僧으로 음역되기에 이른다.

승僧은 인도 말 승가僧伽(saṃgha)를 축약한 것이다.* 승가는 가나gana나 길드처럼 단체라는 의미이다. 즉 붓다의 가르침을 따르는 수행단체 또는 명상 공동체라고 이해하면 되겠다. 승이 집단의 의미이기 때문에 승을 한자로 옮기면 무리라는 의미의 중衆이 된다. 우리가 스님을 폄하하는 말로 알고 있는 중이 사실은 번역어였던 것이다.

승이라는 표현이 우리말의 존칭인 님과 결합하면 승님이 된다. 이것을 발음하다 보면 '승님 → 스응님 → 스님'이 된다. 즉 스님은 승님이 변화한 말인 것이다. 그러다 보니 사장님이나 선생님에서 존칭인 님을 떼고 사장·선생이라고 하는 경우와 비교해서 스님은 '스'라고 하자는 우스갯소리가 있을 정도이다.

또 고려 시대까지 중국에 유학을 갔다 오는 선진 지식인들의 주류는 스님이었다. 이 때문에 스님이라는 말에서 우리가 아는 스승님이라는 말이 파생하게 된다. 스도 스님이고 승도 스님인데, 이 두 가지 말이 결합되었다. 그런데 '스승'이나 '승'은 님과 떨어지는 경우가 있어도 '스'는 독립해서 사용되는 경우가 없으니, 명칭의 변화라는 것이 알고 보면 참 흥미롭다.

부산 마하사 응진전 나한상
나한은 아라한의 준말로
부처님의 수준에는
못 미치지만 상당한 도를 깨친,
부처님의 덕 높은 제자라는
뜻을 담고 있다.

서울 봉은사 판전의
〈신중도〉

6.
불교도
신을
믿을까?

앉아 있는 불상과 서 있는 신

사찰의 대웅전에 들어가면 중앙에 황금빛의 커다란 불상이 연꽃 모양의
좌대에 떡하니 앉아 계신다. 불상의 왼쪽(바라보는 쪽에서는 오른쪽) 벽면에
는 신중단이라고 해서 신들을 모신 제단이 설치되어 있다. 여기에 여러
신들을 그린 신중탱화가 걸려 있다. 그런데 그림 속 신들이 마치 수학여
행 가서 찍은 단체 사진처럼 촘촘히 서 있어서 안쓰럽기 그지없다.

널찍한 공간에 포동포동한 모습으로 편안히 앉아 계신 부처님과 좁
은 화폭 속에서 서로 얼굴을 내밀려고 애를 쓰는 듯한 신들. 이 두 양상이
불교에서 붓다와 신의 위치를 단적으로 나타내 준다. 불교에도 신은 있
다. 그러나 신은 붓다의 들러리와 같은 존재일 뿐이다. 이것이 바로 불교
에서 신의 위치이다.

성인聖人이 높은가, 신이 높은가

성인은 진리의 발견자인 동시에 진리를 체득한 분이다. 이것이 뉴턴이나 아인슈타인처럼 법칙을 발견한 사람들과 다른 점이다. 이는 뉴턴과 아인슈타인이 위인은 되어도 성인은 될 수 없는 이유이기도 하다.

　신 중심의 종교에서는 신이 절대적으로 가장 높은 위치에 있다. 그러나 진리를 중심으로 하는 종교에서는 진리가 신보다 상위 개념이 되며, 진리의 체득자인 성인은 신보다 위가 된다. '신을 최고 가치로 볼 것인가' 또는 '진리를 최상의 가치로 볼 것인가'에 따라서 신의 위치가 달라진다는 말이다. 여기에서 중요한 것은, 진리 중심의 종교가 신을 부정하는 것이 아니라 신의 존재를 인정한다는 점이다. 마치 스마트폰이 기존의 아날로그폰을 부정하지 않고 그것을 넘어서는 가치로 나타난 것처럼 말이다. 즉 신은 긍정하지만 신의 절대성은 부정하는 것이다.

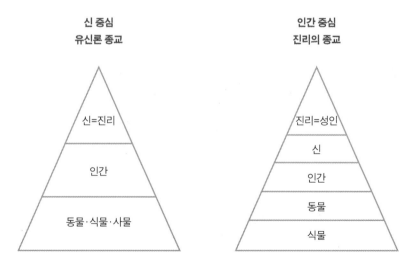

불교뿐만 아니라 진리를 최상의 가치로 보는 종교는 모두 똑같은 관점을 갖는다. 유교에서는 최상의 진리로 인仁*을 제시하고 이것을 체득한 공자를 성인으로 섬긴다. 그리고 도교에서는 도道**를 최상의 진리라고 하면서 노자를 성인으로 내세운다. 또한 그리스 철학에서 진리로 이데아idea를 말하면서 소크라테스를 성인의 표상으로 삼는다는 것을 생각하면 되겠다.

●
인仁은 정약용의 『논어고금주論語古今註』에 따르면, '이인상여二人相與' 즉 두 사람이 서로 함께 하는 인본적인 원칙임을 알 수 있다.

●●
『노자』 「제4장」에 따르면, 도道란 '상제지선象帝之先'이라고 하여 진리는 하느님보다도 먼저 존재하는 것임을 분명히 하고 있다.

	불교	유교	도교	그리스 철학
성인	붓다	공자	노자	소크라테스
진리	법法	인仁	도道	이데아idea

종묘제례

도교적인 북극성과
북두칠성 신앙이
불교적으로 수용된
통도사 안양암의
〈치성광여래도〉

　그렇다면 이들의 체계 속에 신은 없는가? 그렇지 않다. 유교에서는
조상신을 비롯해서 하늘을 섬기는데, 특히 조선에서는 '종묘사직宗廟社
稷'이라고 해서 왕의 조상들(종묘宗廟)과 토지신(사社)과 곡식신(직稷)에게
제사하는 것을 가장 중요하게 여겼다. 그리고 도교에는 북극성과 북두칠
성을 비롯한 많은 자연신들이 존재하며, 소크라테스 역시 다이몬Daimon
이라는 신의 소리를 들었다고 한다. 이처럼 진리 중심의 종교나 철학은
신을 부정하지 않는다.

　그렇다면 최상의 가치는 누구에게 있다고 보는 것인가? 그것은 진
리의 체득자인 성인이다. 그래서 불교에서는 성인인 부처님이 편안히 앉
아 계시고 신들은 서서 빼꼼히 얼굴을 내밀고서 부처님의 가르침을 듣는
구조가 만들어진 것이다.

석가모니부처님이
『법화경』을 설하신
영축산 정상의 여래향실

부처님의 가족사진 〈영산회상도〉

대웅전의 석가모니불 뒤쪽에는 〈영산회상도〉라고 하는 그림이 배치되어 있다. 앞의 불상에 눈이 팔려서 잘 보지 못하는 경우가 있지만, 조금 측면에서 비스듬히 보면 뚜렷이 확인할 수 있다.

〈영산회상도〉를 쉽게 말해서 석가모니불의 가족사진이라고 한다. 진짜 가족을 묘사했다는 의미는 아니고, 석가모니와 관련된 중요한 보살이나 제자 등 핵심 인물이 이곳에 모두 모셔져 있기 때문에 그렇게 부른다.

〈영산회상도〉는 석가모니께서 인도 마가다국의 영축산이라는 산의 정상에서 『법화경』을 설하는 장면을 묘사한 것이다. 여기에도 신들이 나타나 있다. 대표적인 신으로는 인도의 조물주인 범천Brahmā과 하느님에 해당하는 제석천Śakkra Devānāmindra, 그리고 4방위를 각각 관장하는 4천왕이다. 우리가 흔히 유명한 사람 4명이 모이면 이름 붙이는 '4대 천왕'이나 지리산 '천왕봉' 등에서 살펴지는 '천왕'이라는 단어는 모두 이 4천왕에서 연유하였다.

그런데 이들 신은 모두 중심에 있지 않고 주변을 둘러싸고 있을 뿐이다. 〈영산회상도〉 속의 서열은 '부처님 → 보살 → 제자 → 신' 순으로, 신이 맨 아래이다. 불교에서는 신이란 장기판의 졸과 같은 존재에 불과하다.

앞에서 말한 신중단은 신들만 있는 곳이니, 이곳에서는 제석천과 범천이 최고의 신이 된다. 그 외에 인도의 신 37위位(합계 39위)와 우리의 전통적인 신 65위가 더해져서 모두 104위의 신들이 모셔져 있다. 여기서 위位라는 명칭은 신을 세는 단위이다. 우리가 제사를 지낼 때 위패라고 하는 것이나 천위, 불천위라고 하는 것도 모두 이와 연관된 것이다. 이들

전남 구례의 천은사
〈제석천룡도帝釋天龍圖〉
(1833년)

은 보통의 인간보다는 우월한 능력을 가지고 있지만 진리의 관점에서 보면 이들 역시 불완전하다. 그러므로 진리의 체득자인 부처님을 모시고 따르면서 부처님의 가르침을 듣게 되는 것이다.

불교 하면 가장 먼저 떠오르는 경전이 바로 『반야심경』이다. 부처님의 제자인 스님들은 오늘도 아침저녁으로 신들에게 『반야심경』을 독송해 준다. 그렇게 스님과 신들은 함께 닦아 나아가고 있는 것이다.

**경남 양산 신흥사
대광전 벽화**
(보물 제1757호)
부처님이나 보살님이
인간의 모습을 하고
있다면 신중의
모습은 다양하다.
신흥사 대광전 내부
불단을 호위하는
위치에 그려져 있다.

7.
명상과
참선은
어떻게 다를까?

공허함 속에 이방인처럼 배회하는 현대인

구한말 이후 일제강점기와 한국전쟁은 더 이상 피폐해질 수 없는 고난의 역사였다. 이 폐허의 상황에서 '잘 살아 보세'라는 구호 속에 자식들에게는 가난을 대물림하지 않겠다는 기성세대의 눈물 어린 투쟁이 시작된다. 그 결과가 유럽이 수백 년에 걸쳐서 이룩한 경제적 성과를 단시간에 따라잡은 '한강의 기적'이다.

그러나 현대는 '쌀밥에 고깃국'이라는 과거의 소망은 이루었지만 왜 그렇게 해야 했는지를 망각한 상실의 시대가 되고 말았다. 아리스토텔레스는 "인간은 행복하기 위해 산다"고 했다. 그런데 우리는 행복이 아닌, 잘사는 것을 목적으로 달려왔다. 그것이 어느 정도 충족되자, 현대인들은 가치관을 잃고 공허함 속에서 이방인처럼 배회하게 되었다.

특히 흙을 밟은 적 없이 처음부터 도시에서 성장한 도시 1세대들은, 성공이 쉽지 않은 닫힌 사회구조 속에서 성공을 추구할 수도, 그렇다고 만족을 찾을 수도 없는 깊은 딜레마에 빠져 있다. 이런 상황들이 결국 우리 사회에 힐링과 명상이라는 문화를 촉구하게 된다. 즉 힐링과 명상의 요구는 현대사회의 문제가 초래한 또 다른 이면인 것이다.

참선과 선종이라는 수행불교

가전제품이라는 큰 범주 안에는 텔레비전이나 냉장고와 같은 다양한 제품군이 존재한다. 이와 마찬가지로 명상은 모든 수행문화와 방법의 총체적인 범주라고 이해하면 된다. 불교 이외의 여러 종교에도 다양한 명상법이 존재한다. 이를테면 힌두교의 요가, 가톨릭교의 묵상, 도교의 단전호흡 같은 것들이 있다. 동아시아 불교에서 강조하는 것은 바로 참선參禪이다. 그리고 현재 미얀마와 태국 등 남방불교에서 유행하는 것이 위빠사나이다. 이러한 수행법들은 모두 명상이라는 카테고리 안에 속한 소개념이라고 이해하면 되겠다.

중국불교 중에서 선종은, 경전과 교리 이해를 중요하게 여기는 교종에 비해 참선을 통해 인간의 본성과 마음에 직접 다가가는 방법을 선택한다. 이 선종은 우리나라에 들어온 뒤, 산이 많은 지리적 특성과 숭유억불 정책을 편 조선 시대를 거치면서 한국불교의 가장 큰 특징으로 자리 잡게 된다.* 즉 한국불교의 본류는 나를 찾는 수행종교인 선종인 것이다.

경전 위주의 공부보다 스스로 불성을 깨닫는 것을 더 중시한 선종은 깊은 산속에서 좌선坐禪하는 수행법을 중시하며 지방 산속의 선종 사찰을 중심으로 9개의 문파(구산선문)가 형성되었다.
조선 시대 숭유억불 정책으로 도시 대부분의 사찰은 강제로 폐사되었지만, 산사를 포함한 산지 사찰들은 승원으로서의 본래 기능과 특징을 지속하며 수행에 필요한 공간과 시설을 정비하게 된다.

한국불교를 대표하는 조계종

한국불교를 대표하는 불교 종파가 바로 조계종曹溪宗이다. 우리가 알고
있는 불교의 전통사찰과 문화재의 절대다수가 조계종에 소속되어 있으
며, 결혼하지 않는 불교의 오랜 전통을 유지하고 있는 것도 조계종뿐이
다. 즉 다른 불교 종파들이 광복 이후 새롭게 만들어진 것이라면, 조계종
은 고려의 전통을 오늘까지 계승하고 있는 한국불교의 명실상부한 대변
자(적장자)라는 말이다.

조계종이라는 이름은 중국에서 참선을 위주로 하는 선종을 완성한
혜능慧能 스님이 주석했던 산 이름에서 따왔다. 혜능 스님은 인도의 달마
대사가 중국에 불교를 전수한 이래 홍인弘忍 스님께 가르침을 받았고, 광
동성廣東省 소주韶州의 조계산曹溪山 보림사寶林寺에 머물렀다. 아래 표를
보면 혜능 스님까지 이어진 중국 선종의 계보를 알 수 있다.

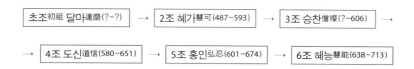

교종은 화엄종이나 열반종처럼 『화엄경』이나 『열반경』이라는 핵심
으로 삼는 경전의 명칭을 차용하거나, 법상종法相宗이나 법성종法性宗과
같이 주장하는 교리의 포인트를 종파의 명칭으로 삼는 것이 일반적이다.
그러나 선종은 우리 역사 교과서에 나오는 구산선문九山禪門*처럼 의거
하고 있는 산의 이름을 사용하는 것이 일반적이다. 즉 선종은 산에서 참
선하는 진정한 산인山人인 것이다.

● 신라 말부터 고려 초까
지 선승들이 중국 당나
라에 들어가 수행 정진
하며 달마가 전한 혜능
의 선법禪法을 받아 가지
고 귀국해 개산한 선종
의 아홉 산문을 말한다.

구산선문의 명칭과 귀국 연대

명칭	위치	개조(개산조)	귀국 연대
❶ 가지산문迦智山門	양양 설악산 진전사 장흥 가지산 보림사	도의道義/체징體澄	821년/840년
❷ 실상산문實相山門	남원 지리산 실상사	홍척洪陟	826년
❸ 동리산문桐裏山門	곡성 동리산 태안사	혜철惠哲	839년
❹ 성주산문聖住山門	보령 성주산 성주사	무염無染	845년
❺ 사굴산문闍崛山門	강릉 사굴산 굴산사	범일梵日	847년
❻ 사자산문師子山門	무주(현 화순) 쌍봉산 쌍봉사 영월 사자산 흥녕사(현 법흥사)	도윤道允/절중折中	847년(도윤)
❼ 봉림산문鳳林山門	여주 혜목산 고달사 창원 봉림산 봉림사	현욱玄昱/심희審希	837년(현욱)
❽ 수미산문須彌山門	해주 수미산 광조사	이엄利嚴	911년
❾ 희양산문曦陽山門	문경 희양산 봉암사	도헌道憲/긍양兢讓	924년(긍양)

강원도 월정사 대법륜전의
선불장 편액

오늘날의 조계종 안에는 참선을 수행하는 많은 선원이 있다. 이런 선원에서는 '선불장選佛場'*이라는 글씨가 큼지막하게 적혀 있는 모습을 볼 수 있는데, 선불장이란 '붓다를 선발하는 도량'이라는 의미이다. 즉 그 자리에서 자신의 마음을 보고 그 순간 붓다가 되라는 말이다. 이것이 선불교이며, 또한 붓다가 원하는 가르침의 핵심이다.

●
당나라 단하선사가 젊은 시절 과거를 보러 가던 길, 한 스님을 만난다. 스님이 어디를 가느냐 묻자 단하는 '관리를 뽑는 장소[선관장選官場]'에 간다고 했다. 그러자 스님이 다시 말하기를, '선관장보다 선불장選佛場은 어떤가?'라 한다. 이 말을 들은 단하선사는 마조도일을 찾아 도를 이루고 석두희천에게 출가한다. 이 일화에서 선불장이라는 명칭이 비롯되었다.

세계 종교
속의
불교

인도네시아 프람바난
힌두 사원(왼쪽)과
중국 산동성 곡부의
공자사당 속
공자상(오른쪽)

보편 종교와 지역 종교

종교를 보편 종교와 지역 종교로 구분하는 것은 종교 인구 수가 아니다. 힌두교는 인구가 밀집한 지역인 14억 명 인도와 인도차이나반도라는 인도 문화권에 분포하고 있기 때문에 종교 인구 수가 무려 10억 4천만 명에 달한다. 이는 5억 3천만 명의 불교도나 3억 5천만 명의 개신교도를 합한 것보다 많은 숫자이다. 그러나 힌두교는 지역 종교이지 보편 종교는 아니다. 중국과 동아시아에 분포하는 유교도 마찬가지 이다.

세계의 보편 종교는 불교·기독교·이슬람교라고 할 수 있겠다. 이들 종교는 지구의 대다수 지역에서 폭넓게 발견된다. 이처럼 인류의 보편성과 관련된 종교를 보편 종교라 하고, 이에 반해 특정 지역에만 국한되어 존재하는 종교를 지역 종교라고 한다.

세계 인구 76억 명 중 종교 인구 수는 다음과 같다.

이슬람교인	18억 2천만 명
로마 가톨릭교인	12억 4천만 명

힌두교인	10억 4천만 명
불교인	5억 3천만 명
프로테스탄트교인(개신교)	3억 5천만 명
정교회 신자	2억 8천만 명

불교의 종교 인구 수

보편 종교 중에서 종교 인구 수가 가장 많은 것은 기독교(가톨릭+개신교)다. 기독교는 유럽 제국주의 시대의 영향으로 전 세계에 고르게 퍼져 있다. 그러나 가톨릭은 본토라고도 할 수 있는 유럽에서 종교 인구 비율이 대부분 한 자릿수에 불과하다. 유럽 선진국들은 종교 인구 비율이 낮으며, 그들에게 가톨릭은 우리의 유교와 같은 영역을 담당하고 있는 정도라고 이해하면 되겠다.

가톨릭의 종교 인구는 12억 4천만 명 정도로 현재 많은 비율을 차지하는 지역은 남미이다. 이쪽의 종교 인구 비율은 60~90퍼센트에 이른다. 지금의 프란치스코 교황도 남미 아르헨티나 출신이다. 유럽은 자존심을 지키기 위해 내심 유럽 출신 교황을 원하지만 대세의 기울어짐은 어찌할 수 없다. 미국에서 아프리카계 미국인이 대통령이 되었던 것처럼, 마야나 잉카의 후예 중에서 교황이 선출되는 날도 그리 머지 않았다고 하겠다.

이탈리아 피렌체의 두오모 성당

개신교는 우리나라에서 두드러진 모습을 보이기 때문에 세계적으로도 많다고 생각할 수 있으나 종교 인구 수는 3억 5천만 명으로 그렇게 많지는 않다. 개신교는 미국과 캐나다의 일부, 그리고 아시아에서는 미국의 영향이 강한 필리핀과 우리나라 정도가 강세를 보인다. 또 유럽에서는 종교개혁을 주장한 루터의 고국 독일과 칼뱅의 영향이 강한 스위스, 그리고 가톨릭 문화 기반이 약한 북유럽에 일부가 더 있을 뿐이다.

가톨릭교와 개신교의 위상은 축구와 야구를 생각해 보면 된다. 축구는 단일 종목으로 올림픽에 버금가는 월드컵이 있다면, 야구는 미국을 비롯한 몇몇 나라가 즐기는 스포츠이다.

다음으로 종교 인구 수가 많은 것은 이슬람교로 대략 18억 2천만 명 정도가 된다. 이슬람교는 중동을 중심으로 서쪽으로는 북아프리카와 남유럽, 동쪽으로는 인도와 방글라데시 및 인도차이나반도까지 걸쳐 있다. 지역적으로 그리 넓다고는 할수 없지만, 이슬람교는 종교 인구 비율이 70~90퍼센트나 된다. 그렇기 때문에 보편 종교 중 단일 종교 인구 면에서는 1위가 되는 것이다.

불교는 종교 인구 수로만 따진다면 5억 3천만 명으로 세계 종교 중에서 가장 적다. 이유는 불교가 주로 분포하고 있는 지역을 생각해 보면 쉽게 이해가 된다. 불교는 동아시아와 동남아시아에 주로 분포하고 있고 인도에 일부가 있는 정도이다. 이중 인구나 국가 규모가 가장 큰 나라가 일본과 태국이다. 즉 생각보다 많은 인구를 가진 나라가 없는 것이다.

사회주의 국가인 중국은 종교 활동에 제약이 있지만 예전에는 불교 문화권이었다는 점에서 주목할 만하다. 중국은 서서히 종교를 용인하는 움직임을 보이고 있다. 이 경우 불교의 종교 인구 수와 세계적인 위상은 비약적으로 증대될 수 있다. 즉 불교는 중국의 변화와 관련해 세계 최고 종교로도 거듭날 수가 있는 것이다.

미국과 유럽의 불교

현대에 들어와서 불교의 괄목할 만한 성과는 아시아보다 미국과 유럽에서 나타났다. 전 세계 종교 인구는 감소 추세에 있으며, 기독교와 이슬람교도 예외는 아니다. 그러나 불교는 아시아에서는 감소하고 있지만, 미국과 유럽에서는 오히려 엘리트 종교의 위상을 가지고 확대되는 모습을 보이고 있다.

서양의 불교 발전을 이끌고 있는 것은 달라이 라마를 필두로 하는 티베트불교이다.[*] 이들은 대승불교[**]의 이타적인 철학과 명상 문화로 서양을 깨우고 있다. 우리

프랑스의
명상센터
플럼빌리지

나라에서 불교는 산중불교라는 이미지가 강하고 기독교는 사회적이라는 인식이 일반적이다. 그런데 유럽에서는 기독교를 우리의 유교처럼 고리타분한 종교로 인식하고 있으며, 또 신을 믿는 자만이 구원받는다는 교리를 이기주의로 이해한다. 이 점 때문에 그들은 불교의 현실 행복과 이타주의에서 해법을 구하는 것이다.

현재 미국에서는 불교의 철학성에 기초한 명상주의로 인하여, 지식인들로 구성된 상류층을 중심으로 5백만 명이 넘는 불교 인구가 존재하며 명상 인구는 수천만 명을 넘어서고 있다.* 이는 지금도 빠르게 확대되는 추세이다. 유럽에서는 대륙의 자존심이라고 하는 프랑스를 중심으로 불교가 급속도로 발전하는 모습을 보이고 있다.**

불교는 서양인들이 제국주의 시기에 한 것과 같은 무력이나 경제력에 의지한 선교를 하지 않는다. 그럼에도 백인 우월주의자가 많은 유럽이나 미국에서 자발적으로 불교에 관심을 갖는다는 것은 인류 종교 역사상 그 유래를 찾아볼 수 없는 진풍경이라고 하겠다. 즉 우리나라의 종교 현실과는 매우 다른 종교 변화가 세계적으로는 전개되고 있는 것이다.

*
미국의 티베트불교 영향력은, 달라이 라마가 1989년 노벨평화상을 받은 것, 또 할리우드에서 『리틀 부다(1994년)』・『티벳에서의 7년(1997년)』・『쿤둔(2000년)』・『선라이즈 선셋(2010년)』 등의 영화가 만들어지는 것을 통해서 확인해 볼 수 있다. 참고로 최근의 교황 중 가장 탁월한 업적을 이룬 요한 바오로 2세는 계속해서 노벨상에 도전했으나 실패하고 2005년 임종했다.

**
프랑스는 현대 유럽을 대표하는 불교적인 국가이다. 1990년대 후반 전 세계적인 베스트셀러였던 장-프랑수아 르벨의 『승려와 철학자』는 이와 같은 프랑스의 불교 상황을 잘 나타내 주고 있다.

073

2장   문화 ────────

사찰의 이해

월정사 전나무 숲

1.
사찰에는
왜
문이 많을까?

짐승에게 받는 피해를 줄이려고 문을 세우다

산사에 가다 보면 주차장에 차를 대고도 제법 긴 거리를 걸어가야 한다. 때로 그것은 월정사의 전나무 숲이나 통도사의 소나무 숲처럼 좋은 풍취를 주기도 한다. 그러나 때론 진입로가 왜 이렇게 길까 하는 생각도 든다. 이러한 긴 진입로는 우리나라 산사에만 있는 특징 중 하나이다. 요즘의 산은 모든 면에서 인간에게 이익을 주지만, 옛날에는 호랑이와 같은 위협적인 존재가 서식하는 공간이기도 했다.

'호랑이가 뭐 얼마나 있다고 그렇게까지 했을까?' 할지도 모르지만, 마마媽媽(천연두)보다 더 무서운 게 호환虎患*이었다. 그래서 무서운 것을 빗댈 때 호환마마라고 했다. 또 호랑이와 관련된 유명한 속담으로 '호랑이도 제 말 하면 온다', '호랑이 없는 골에는 토끼가 왕이다', '호랑이는 죽

● 호랑이에게 당하는 피해를 말한다. 호랑이보다 표범이 압도적으로 많았지만 옛날 사람들은 이 둘을 구분하지 않고 호환으로 본 듯하다. 이는 오늘날까지 호랑이를 범띠라고 하는 것을 통해서 분명하게 알 수 있다.

어서 가죽을 남기고 사람은 죽어서 이름을 남긴다', '호랑이에게 물려 가
도 정신만 차리면 산다'와 같은 것 등이 있다. 그런데 여기에서 산사와 관
련해 섬뜩한 속담이 하나 있는데 '새벽 호랑이는 중(승려)이나 개를 가리
지 않는다'는 것이다. 이 속담은 왜 거의 모든 산사에 산신각이 있고 그
안에 호랑이 그림이 그려져 있는지를 단적으로 이해하게 한다.

우리나라는 산지가 많은 국토의 특성상 호환이 많았는데 이로부터
완전히 벗어나게 해 준 것은 아이러니하게도 일본이었다. 일본은 해수구
제사업이라는 명목으로 맹수를 대량 사살했으며 이로 인해 1925년 무렵
에는 호랑이와 표범 및 늑대가 거의 전멸했다.

심산유곡에 위치한 산사는 호환에 가장 취약한 곳이다. 그래서 산사는 진입로를 최대한 길게 빼고 인적을 남겨 이 문제를 극복하려고 했다. 아무래도 인적이 있으면 짐승의 피해를 줄일 수 있기 때문이다. 긴 진입로에 인적을 남기는 방법으로 산사에서는 중간중간에 문을 세웠다. 그런데 이 문은 담도 없고 문짝도 없다. 그저 문만 덩그러니 놓인 다소 우스꽝스러운 '문 없는 문'이 만들어진 것이다.

산사는 수미산으로 올라가는 길

그리스 로마 신화를 보면, 그 중심에 제우스와 12신이 사는 올림포스산이 있다는 것을 알게 된다. 이런 산은 신화 속에서 우주의 중심이 되는 곳이자 신들이 거처하는 공간이다. 이를 우주산宇宙山이라고 한다. 인도에서 우주산에 해당하는 것이 바로 수미산須彌山(Sumeru)이다.

올림포스산 정상에 제우스가 사는 것처럼, 수미산 정상에도 인도의 하느님인 제석천이 32명의 신들을 거느리고 살고 있다. 사찰에서는 이 제석천이 머무는 곳을 불상을 모시는 신성한 공간으로 선택했다. 그래서 불상을 모신 좌대를 수미좌須彌座라고 하는데, 이는 불상에 최고의 존엄성을 부여하기 위한 것이다.

수미산은 너무 높아서 산의 중턱을 해와 달이 돌고 있다. 그래서 해 쪽이 되는 세상은 낮이 되고 달 쪽이 되면 밤이 된다. 이 수미산의 중턱 4방위에는 4천왕이 살고 있다. 이들은 모든 악으로부터 인간세계를 지키며 감독하는 역할을 한다.

수미산은 신들의 세계이기 때문에 그 자체가 성스러운 성산聖山이다. 즉 인간계와는 단절된 성스러운 공간인 것이다. 그래서 수미산 주위로는 마치 성의 해자처럼 동그랗고 넓은 바다가 전개되어 있다. 이를 향수해香水海라고 하는데, 이는 수미산의 성역에 대한 권위와 인간의 범접을 차단하는 의미를 내포하고 있다.

불교에서는 불상을 수미산 정상에 있는 제석천의 거처에 모신다. 그러다 보니 산사에 간다는 것은 자연스럽게 수미산을 올라가는 것과 같은 구조를 취하게 된다. 즉 '속俗에서 성聖으로의 전환'이 곧 산사에 이르는 길인 것이다.

문은 있는데 문짝은 없다

종교는 인간의 행복을 위해서 존재한다. 그리고 그 행복에는 더러움을 버리고 청정해지려는, 다시 말해 속俗에서 성스러움으로 이행한다는 측면이 존재한다.

산사의 입구에 이르면 으레 계곡과 다리를 만나게 된다. 이는 산을 등지고 앞쪽으로는 물을 향하는 것으로, 풍수에서 흔히 말하는 배산임수背山臨水라는 것이다. 물을 건넌다는 것은 속진俗塵의 더러움을 내려놓고 성스러운 부처님의 공간으로 나아간다는 의미도 된다. 즉 냇물과 다리를 통해서 우리는 수미산 주변의 향수해를 건너는 것이다. 여기에 놓여 있는 다리의 이름은 흔히 해탈교解脫橋나 피안교彼岸橋인데, 이는 다리 너머가 해탈이나 피안의 경계인 깨달음의 성역임을 의미한다.

종교는 상징으로 표현되는 세계이다. 그러므로 상징에 대한 이해는 종교의 핵심을 관통한다. 냇물과 다리를 건너면 사찰의 첫 번째 문인 일주문을 만나게 된다. 문짝도 담도 없는 일주문은 기둥이 한 줄로 된 특이한 구조의 문이라는 의미이다. 여기서부터 성산인 수미산이 본격적으로 시작된다.

일주문은 본래 인도불교에서 부처님의 탑과 같은 성스러운 대상을 기리는 기념문으로 만들어진 것이다.● 이것이 중앙아시아와 중국을 넘어서 우리나라까지 전파되기에 이른다. 일주문과 형제 관계를 이루는 것으로는 왕릉이나 충신, 열녀를 기리는 홍살문이 있다. 이들 문의 특징은 문짝과 담이 없는 동시에, 문의 뒤쪽에 기릴 만한 대상이 존재한다는 것이다. 이는 '오는 사람 막지 않고 가는 사람 잡지 않는다'는 불교의 정신을 잘 드러내 주고 있다.

● 서양에도 일주문과 유사한 기념문이 존재한다. 이는 로마 시대의 유산인 3기의 개선문과 이를 본떠 만든 프랑스 파리의 개선문을 통해서 확인해 볼 수 있다. 이 개선문이 우리의 독립문 건립에 영향을 준 것은 널리 알려진 사실이다.

통도사 일승교

부산 범어사 조계문(일주문)

일주문을 넘어서 걷다 보면, 두 번째로 만나게 되는 것이 천왕문이다. 천왕문은 수미산의 중턱에서 사방을 관장하는 네 명의 천왕을 모신 문이다. 그래서 문의 안으로 들어가면 우락부락한 모습을 한 네 명의 거구가 각기 다른 무기를 잡고 악귀를 밟고 서 있는 모습을 확인할 수 있다. 이는 사찰을 모든 악으로부터 수호한다는 상징성을 내포하는 것이다.

천왕문을 지나면 해탈문이 나오는데, 여기서부터가 수미산 정상의 입구에 해당한다. 그런데 재미있는 것은 일주문과 천왕문이 '문짝 없는 문'이라면, 해탈문은 '문 없는 문'이라는 점이다. 해탈문은 사실 문이라기보다는 2층 누각 아래의 어두운 터널과 같은 통로일 뿐이다. 무릉도원 이야기로 유명한 도연명의 「도화원기桃花源記」에서 무릉의 어부가 동굴을 통과해 이상향을 발견하는 것처럼, 성聖을 좇아 속俗을 버린 중생은 어둠의 터널을 건너 부처님이 계신 밝은 이상향으로 나아가게 되는 것이다. 그곳에서 우리는 붓다를 상징하는 장엄한 석탑과 황금빛 불상이 환하게 빛나는 깨달음의 성城인 대웅전을 만난다.

083

경북 영주 부석사의
해탈문인 안양문.

안양문 안으로
무량수전이
내비치는 모습.

086

2.
사찰 건물은
어떻게
다를까?

둥근기둥과 네모기둥의 차이

한옥 하면 언뜻 다 비슷하다고 생각하기 쉽다. 그러나 같은 한옥이라도 불교건축과 유교건축, 그리고 왕궁건축은 모두 다르다. 유럽에 가면 우리는 이탈리아인과 프랑스인을 구분하지 못하지만 그들은 서로의 차이를 분명하게 알고 있다. 사실 서양인들이 동양에 오면 한국·중국·일본 사람을 전혀 구분하지 못한다. 그러나 우리는 멀리서 봐도 금세 서로를 구분해 낸다. 이것은 익숙함을 통해서 작은 차이를 보다 분명하게 인식하는 능력이 존재하기 때문이다.

한옥도 마찬가지이다. 우리가 한옥의 차이를 잘 구분하지 못하는 것은 유럽 사람들을 구분하지 못하는 것처럼 접할 기회가 적기 때문이다. 본래 우리 것임에도 불구하고 '집'이 아닌 '한옥'이라는 특수한 명칭으로 부르는 것 자체가 사실은 문화적인 모순이다. 이는 '한복'이 '옷'이 아닌 특수한 명칭으로 불리는 경우와 마찬가지라고 하겠다. 이것은 한옥과 한복이 우리의 일상과 거리를 두고 있다는 방증이기도 하다.

아무리 한옥에 관심이 없는 문외한이라도, 둥근기둥과 네모기둥의 차이는 보면 바로 알 수 있다. 그런데 좀 더 세심하게 살펴보면, 사찰이나 왕궁 같은 건물은 둥근기둥을 사용하고 양반집은 네모기둥을 사용한 모습이 확인된다. 즉 기둥의 형태에서 건물의 위계를 보게 되는 것이다.

1. 서울 경복궁 근정전 둥근기둥
2. 경북 안동 하회마을 하동고택 네모기둥
3. 충남 청양 장곡사 상대웅전 둥근기둥
4. 부산 범어사 요사채 네모기둥

1 2
3 4

동아시아에서는 둥근 것은 하늘, 네모난 것은 땅을 상징했다. 이는 우리의 우주론이 표현되어 있는 조선 시대 엽전을 떠올리면 알 수 있다. 네모난 구멍의 땅을 둥근 하늘이 감싸고 있는 것, 이것이 바로 상평통보이다.* 그러면 하늘과 땅 중 어느 것이 더 귀한 것일까? 이와 관련해서 『주역周易』「계사상전繫辭上傳」에는 '천존지비天尊地卑'라는 말이 있다. 이는 '하늘은 존귀하고 땅은 비천하다'는 의미이다. '남자는 하늘, 여자는 땅'이라는 성차별적인 말은 이런 의미에서 비롯된 것이다.**

둥근기둥이 하늘을 상징하기 때문에 이는 원칙적으로 왕궁과 사찰과 같은 고급 건축에만 사용된다. 또 사찰이라 하더라도 스님들이 머무는 요사채에는 네모기둥이 사용되고 있어 이 역시 차이를 보이고 있다.

● 동아시아의 우주론은 개천설과 혼천설로 대변된다. 개천설은 네모난 땅을 둥근 하늘이 반구 형태로 덮고 있는 것을 말하며, 혼천설은 계란의 노른자와 흰자의 관계처럼 대지와 하늘이 배치되어 있다고 보는 관점이다.

●● 유교의 남존여비 관점이 조선 시대에 불교에 영향을 미친 부분이, 축원장을 작성할 때 부父를 건명乾名, 모母를 곤명坤名으로 명기하는 일이다. 이와 같은 악습은 조속히 시정되어야만 한다.

사찰과 왕궁에만 허용되는 건축

사찰과 왕궁은 최고급 건축이기 때문에, 조선과 같은 신분제 사회에서 영의정의 저택에도 금지되어 있던 네 가지로부터 자유로웠다.

첫째는 99칸이라는 건축 규모의 제한을 받지 않는다. 99칸 집 하면 일견 대단한 것 같지만, 안동 하회마을을 생각해 보면 그것의 규모가 그리 크지 않음을 알 수 있다. 즉 큰 사찰의 웅장함과는 비교도 되지 않는데, 그 이유는 바로 99칸 원칙의 적용 때문이다. 과거에는 목재를 이용했기 때문에 칸의 크기에 한계가 있었다. 1칸 건물인 현대의 인천공항과 99칸 건물인 옛 건축물을 비교하면 그 차이를 짐작할 수 있다.

둘째는 화려한 색을 칠하는 단청丹靑이다. 단청이란 우리말로 하면 '울긋불긋'을 의미한다. 이는 단청의 색이 붉은색과 푸른색이 주가 되기 때문이다. 그런데 이러한 단청 역시 일반 사대부에게는 허락되지 않은

전남 구례 운조루
99칸 집

금단의 영역이었다. 그래서 사대부 집은 색상이 없는 밋밋한 집이 되고 만다. 이를 보완하기 위해서 변화를 주는 것이 나무판에 좋은 글귀를 써서 기둥에 붙이는 주련柱聯이다. 조선 말기에 이르러 이러한 문화가 사찰까지 들어와서 요즘에는 거의 모든 사찰 건축물에 주련이 걸려 있는데, 단청과 주련은 함께 하는 것이 아니라는 점에서 이는 명백한 잘못이라고 하겠다.

셋째는 사찰의 대웅전이나 경복궁의 근정전과 같은 '전殿'이라는 명칭이다. 이 또한 최고의 건축에만 붙는 명칭으로 신분제 사회에서는 일반 양반들이 감히 흉내 낼 수 없었던 영역이다.

마지막은 문에 꽃을 조각하는 꽃창살이다. 이는 사찰의 전각에서 흔히 볼 수 있는 것으로 부처님을 꽃으로 장엄하고 공양 올린다는 의미이다. 이 역시 신분제 사회에서 사찰과 왕궁 외에는 허용되지 않던 화려한 장엄의 문화이다.

구례 화엄사
대웅전 문살(꽃창살)

경복궁 처마의 모로단청

동화사 대웅전 처마의 금단청
(비단단청)

이렇게 놓고 본다면, 조선이 불교를 억압했다 하더라도 붓다라는 성인의 존엄성을 감히 어쩌지는 못했다는 것을 알 수 있다. 실제로 단청의 경우, 사찰의 단청은 금단청錦丹靑이라고 해서 왕궁의 모로단청보다 더 화려하다. 이외에도 쌍룡은 황제를 상징하기 때문에 조선 왕궁에서는 함부로 사용하지 못하고 단룡單龍을 주로 사용한 반면, 부처님이 계시는 전각에서는 일반적으로 볼 수 있는 흔한 모습이다. 이는 제후국인 조선의 임금이 황금빛을 사용하는 성인의 위상에 감히 범접할 수 없었던 존엄한 측면이라고 하겠다.

사찰, 곡선건축의 백미

사찰에는 크게 두 가지의 지붕 건축 형태가 있다. 팔작집과 맞배집이 그것인데, 처음 들으면 생소할 수 있는 단어지만 알고 보면 이처럼 쉬운 용어도 없다.

먼저 팔작집이란 정면에서 봤을 때 지붕이 한자 八(여덟 팔) 모양으로 생겼다는 의미이다. 즉 '팔 자 모양으로 지어진 지붕의 집'이라는 말이다. 맞배집은 옆에서 보면 한자 人(사람 인) 모양으로 생긴 지붕으로, 두 사람이 배를 맞댄 모습 같다고 해서 맞배지붕 집이라고 한다. 두 지붕 중 팔작지붕이 손이 더 가는 고급 건축으로 지붕 선이 유려하고 아름답다. 대신 맞배지붕은 단순하지만 웅장한 면이 있다. 즉 두 지붕은 동그라미와 네모처럼 서로의 강점이 다르다.

사찰이나 왕궁은 주로 팔작지붕으로 이루어져 있다. 그러나 유교의 향교나 사당은 장중함을 강조하기 위해서 맞배지붕이 사용되곤 한다. 또 같은 팔작지붕이라도 사찰건축은 지붕의 각도가 낮아 부드러운 곡선이

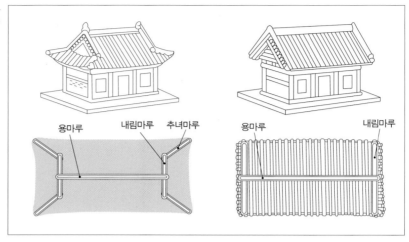

팔작지붕(왼쪽)과
맞배지붕(오른쪽)

용마루　　내림마루　추녀마루　　　용마루　　　　　　내림마루

드러나는 반면, 왕궁건축은 지붕의 각도를 높여서 더 크고 위용 있게 보인다. 사찰건축이 자연과 조화를 이루는 선의 건축인 것과 달리, 왕궁건축은 부드러움보다 왕실의 위엄을 드러내는 것이 더 중요한 목적이기 때문이다. 이처럼 서로 비슷한 한옥이라도 자세히 보면 많은 차이가 있다는 것을 알 수 있다.

　이러한 차이는 문창살에서도 볼 수 있는데, 불교건축의 창살이 사선이 겹친 빗살창이라면 유교건축의 창살은 바둑판 모양의 격자창이다. 이는 미와 바름이라는 불교와 유교의 서로 다른 가치관이 반영된 결과라고 하겠다. 이를 보면 사찰건축이야말로 진정한 곡선의 미를 보여 주는 가장 한국적인 건축물이라고 할 수 있겠다.

1 2
3 4
5 6

1. 경북 안동 봉정사 대웅전 팔작지붕(정면)
2. 경북 안동 봉정사 대웅전 팔작지붕(측면)
3. 충남 예산 수덕사 대웅전 맞배지붕(정면)
4. 충남 예산 수덕사 대웅전 맞배지붕(측면)
5. 서울 창덕궁 인정전 팔작지붕
6. 강원도 강릉 향교 대성전 맞배지붕

수덕사 대웅전
빗살창호(왼쪽)와
경남 거제 반곡서원
바둑판무늬 창호(오른쪽)

3.
생명 있는 존재를
각성시키는
종과 북

자유의 종

견고하고 아름다운 우리나라 종

세계 여러 나라의 종 중에서 가장 유명세를 치른 종은 아마도 미국 펜실베이니아주 필라델피아에 있는 '자유의 종'일 것이다. 이 종은 1776년 7월 8일 미국이 독립선언을 한 나흘 뒤 이를 알리기 위해 타종되었다. 이후 미국의 국가 위상에 걸맞은 상징성을 부여받아 '자유의 종'이라는 이름으로 불리게 된다. 재미있는 것은, 이 종이 만들어진 지 얼마 지나지 않아서 깨졌다는 것이다. 이를 고쳤는데 또 깨지기를 반복하자, 결국 1846년 2월 더 이상 수리할 수 없다는 판단하에 1952년 첨탑에서 철거되고 만다. 말 그대로 '임종'하신 것이다. 이 종은 현재 자유의 종 전시관에 전시되어 있다. 종이란 소리를 내는 것이 본래의 쓰임인데, 소리를 못 내는 종을 뭐라고 해야 할까?

성덕대왕신종

우리의 성덕대왕신종은 771년에 만들어졌다. 이 종은 소리의 여운이 긴 것으로 유명한데, 이 종을 만들 때 아이를 시주 받아 넣어서 '에밀레~ 에밀레~'라고 들린다는 설화 때문에 에밀레종*이라고도 한다. 성덕대왕신종은 1975년 국립경주박물관으로 옮겨진 이후 2003년까지 가끔 타종을 하다가 그 이후 중단되었다. 일찌감치 고철로 나앉은 앞의 미국 종에 비하면 훨씬 오랫동안 타종될 만큼 견고하고, 종에 새겨진 아름다운 문양과 조각으로 조형적인 우수성도 높다. 성덕대왕신종의 무게는 18.9톤인데, 이것이 만들어질 당시 신라의 국찰인 황룡사에는 약 80톤의 대종이 걸려 있었다고 하니 실로 놀라울 따름이다. 이처럼 우리나라 종은 그 독특한 우수성 덕분에 '한국종'이라는 학명도 얻었다. 이런 게 전 세계 최고의 명품인 한국 종의 위엄인 것이다.

불전사물佛殿四物이 빚는 위대한 하모니

사찰에서는 새벽과 저녁에 예불을 드리는데, 이는 부처님께 문안을 여쭙는 것이다. 그런데 그에 앞서 식전 행사로, 법고法鼓·목어木魚·운판雲版·범종梵鐘의 불전사물佛殿四物을 치는 의식이 있다. 모든 생명 있는 존재들을 각성시키고 일깨워서 부처님께 인도하려는 장중한 음악의 향연이 바로 불전사물 연주인 것이다. 이는 유희를 목적으로 하는 음악이 아니라, 가르침의 울림을 통해서 세상을 구원하는 장엄한 메시지라는 점에서 단연 천상의 울림이라 이를 만하다.

북과 종은 불교 이전부터 동아시아에서 군왕의 상징으로 사용되었다. 일반적으로는 성문을 여닫을 때 최고의 권위를 가지는 신호로 쓰였으며, 남아 있는 대표적인 유적이 바로 종로의 보신각이다.** 또 새로운

● 에밀레종의 주조 과정에 아이가 들어갔다는 설화는 성분 검사를 통해 허구임이 드러났다. '종鐘'은 쇠 금金 변에 아이 동童 자를 쓰는데 (金+童=鐘), 이것이 쇳물 속에 아이가 들어갔다는 전설의 시작이다.

●● 한양의 전체 구조는 유교적인 인仁·의義·예禮·지智·신信의 오상五常에 맞춰 건설된다. 이로 인해 '동-흥인지문, 남-숭례문, 서-돈의문, 북-홍지문, 중앙-보신각'이 들어서게 되는 것이다.

시작을 알린다는 의미의 타종은 오늘날까지도 새해 첫 시작을 여는 제야의 종으로 이어지고 있다.

군주의 권위를 상징하는 북과 종이 성인이 계시는 사찰 안으로 들어온 것이 바로 불교적인 북과 종, 즉 법고와 범종이다. 불교로 수용된 북과 종은 중생을 구제하려는 목적에 맞춰서 의미 역시 변화했다. 북통을 소가죽으로 덮어서 만들어진 법고는 모든 길짐승들의 구제라는 상징성을 부여받는다.

법고는 옛 왕정 시대에 성문을 여닫는 데 사용하던 관고官鼓와는 다른 불교의 북으로, 이는 '부처님의 가르침을 대신하는 소리로서의 북'을 의미한다. 종교는 상징의 재해석을 통해서 속俗화된 가치를 승화시켜 성스러움으로 인도하는 상징의 미학이다. 이런 점에서 군왕의 권위를 내포하는 북소리에 붓다의 가르침이라는 의미를 담아 모든 길짐승을 구원하는 상징이 된 법고는 불교의 정신을 잘 발현하고 있다고 하겠다.

범종 역시 정부의 관종官鐘에 대비되는 불교의 종에 대한 수용을 의미한다. 범종에서의 범*은 '크고 으뜸'이라는 의미와 '최고의 천상 소리'라는 뜻을 내포한다. 고대의 악기 중에서 종만큼 제작이 까다롭고 재료비가 많이 드는 것도 없다. 또 종은 크기에 비례해서 소리의 울림이 장중하다. 이런 점에서 대종大鐘은 모든 악기 중 단연 최고가 된다. 불교에서 종에 특별히 '범' 자를 넣어 수식한 것도 이와 같은 뜻이 있는 것이다.

범종은 새벽에는 33번, 저녁에는 28번을 친다. 이는 각각 불교적인 세계관에서 부처님이 계시는 것으로 상징되는 33천인 도리천**과, 해가 지고 별이 뜨는 상황에서 가장 중요한 별자리인 28수를 의미하는 것이다. 새벽의 타종은 부처님에게 이르고, 저녁의 타종은 모든 빛을 거두어들여 조용한 고요를 부처님께 올려서 천지가 부처님의 그늘에서 쉬도록 하는 것이다.

● 범梵은 인도의 조물주인 법천과 이를 관통하는 우주의 원리 그리고 범천을 숭배하는 사제 집단인 바라문을 나타내는 글자이다. 이것이 불교로 수용되면서, 최고와 최상이라는 의미로 사용되고는 한다.

●● 불교에서 말하는 욕계欲界 6천六天의 제2천. 도리천은 세계의 중심인 수미산의 정상에 있으며 제석천의 천궁이 있다. 사방에 봉우리가 있으며, 그 봉우리마다 8성이 있기 때문에 제석천과 합하여 33천이 된다.

또 범종의 쇳소리는 모든 악기 중에서 가장 멀리까지 퍼지는데, 이 때문에 범종은 지옥에 빠진 중생들을 구원하는 상징성을 부여받게 된다. 이는 불교에서 악한 자는 응징하지만, 미워하지 않고 더욱 감싸 안으려는 종교적인 열정이 발현된 것이라고 하겠다.

목어와 운판은 편입생

법고와 범종이 붓다의 가르침을 상징하는 대표성을 띤다면, 목어와 운판은 후에 편입된 불전사물이다. 목어는 본래 사찰의 목욕탕에서 물을 요청할 때 사용되는 신호용구였다. 그래서 물과 관련된 물고기 모양으로

불국사 운관

불국사 법고

불국사 목어

불국사 범종

만들어진 것이다. 중국 황하에는 용문龍門이라는, 두 줄기 물살이 섞이면서 급류를 이루고 지층이 단층으로 이루어진 낮은 폭포가 있다. 이곳을 잉어가 거슬러 올라가면 용이 되어 승천한다고 해서 입신출세를 의미하는 등용문登龍門이라는 말이 만들어진다. 물고기가 폭포를 거스르는 노력으로 용이 되는 것처럼, 끊임없는 노력을 통해서 붓다가 되라는 의미가 응결되어 탄생한 것이 바로 목어이다. 즉 목어는 스스로를 이기는 거침없는 수행을 상징하는 악기인 것이다. 또한 목어의 물고기 형상은 모든 물속 생물들의 구제를 의미하기도 한다. 목어에는 나의 수행과 물고기의 구제라는 자리이타自利利他의 두 가지 의미가 모두 깃들어 있는 것이다.

끝으로 운판은 구름 모양으로 생긴 청동판이다. 운판은 본래 부엌에 걸어 놓고 사찰의 대중들에게 공양 시간을 알리는 도구로 사용된 것이다. 그래서 화재에 취약한 부엌의 불기운을 누르기 위해 구름 형태를 띠게 되었다. 그러던 것이 수행을 환기시키는 경책용 도구로 쓰임새를 넓혀 가면서, 그 속에 해와 달 모습이 새겨지게 된다. 이는 운판이 해와 달의 변화처럼 부단한 수행을 환기시키는 데 사용되었다는 것을 나타낸다. 또 하늘을 품은 운판의 모습은 날짐승들의 구제라는 상징성을 입게 된다.

이렇게 해서 '법고-길짐승·범종-지옥·목어-어류·운판-날짐승'의 네 가지 체계가 완성된다. 이는 모든 중생들을 제도해서 붓다가 되도록 인도하려는 불교의 염원을 읽을 수 있는 대목이다. 즉 사찰에서는 예불 전에 불전사물을 울림으로써 부처님을 통한 모든 존재의 완성과 성취를 발원하고 있는 것이다.

불전사물	법고	범종	목어	운판
상징적 의미	길짐승	지옥	어류	날짐승

4.
탑은
사찰에서
어떤 기능을 할까?

치아와 뼈를 숭배하는 유풍

고대의 그리스와 인도 사람들은 물질을 구성하는 핵심을 원자나 요소라고 불렀다. 그들은 이러한 원자나 요소의 결합방식에 의해서 물질이 다양하게 재구성된다고 생각했다. 이와 같은 사고가 발전한 것이 바로 오늘날의 화학이다.

그렇다면 고대인들은 인간의 핵심을 무엇이라고 생각했을까? 먼저 육체에서 찾은 결과는 뼈이다. 뼈는 육체를 구성하는 가장 단단한 물질이기 때문이다. 물론 뼈보다 단단한 것으로 치아가 있다.

실제로 치아 숭배는 고대에 여러 문화권에서 유행한 흔적이 있다. 특히 맹수의 이빨에는 강력한 기운이 서려 있어서 목걸이 등으로 만들어 쓰면 모든 삿된 기운을 물리칠 수 있다는 믿음이 강하게 존재했다. 불교에서도 붓다의 치아사리는 사리 중에서 단연 최고로 여겼다. 실제로『삼국유사』「전후소장사리前後所藏舍利」조에 기록되어 있는 중국과 고려의 최고 사리는 치사리*였다. 또 스리랑카에는 오늘날까지도 국왕 승계에 권위를 부여하는 불사리가 있는데, 그것은 최고의 사찰인 캔디 불치사佛齒寺(Temple of the Sacred Tooth Relic, Sri Dalada Maligawa)의 치사리이다. 이 불치사의 치사리는 영험이 대단해서 거기서 뿜어져 나오는 빛이 인도에서도 보였다는 기록이 있을 정도이다.**

　　그러나 치아는 단단하기는 하지만 한두 개쯤 빠져도 사람이 죽거나 어떻게 되는 것은 아니다. 즉 치명적이지 않다는 말이다. 이 때문에 인간의 핵심을 뼈에서 구하는 흐름 역시 충분한 설득력을 가지게 된다. 즉 치아와 뼈라는 두 가지가 존재하며, 양자가 서로 경쟁한다고 이해하면 되겠다.

●
부처님의 열반 관련 문헌을 보면, 부처님의 화장 후 사리 분배를 맡았던 향성香姓(드로나) 바라문은 가장 먼저 당시 실력자였던 마가다국의 아사세왕에게 부처님의 위쪽 치아를 드리는 것으로 기록되어 있다. 즉 치아를 가장 중요한 본질로 이해한 것이다.

●●
『大唐西域記』10,「烏茶國」(『大正藏』51, p. 928c), "南去僧伽羅國二萬餘里, 靜夜遙望見彼國佛牙窣堵波上寶珠光明. 離然如明炬之懸燭也. 自此西南大林中. 行千二百餘里至恭御陀國(東印度境)."; 『大唐大慈恩寺三藏法師傳』4,「起瞻波國終迦摩縷波國王請」(『大正藏』50, p. 241a), "南去僧伽羅國二萬餘里, 每夜靜無雲之時. 遙望見彼佛牙窣堵波上寶珠光明冏然狀似空中星燭."

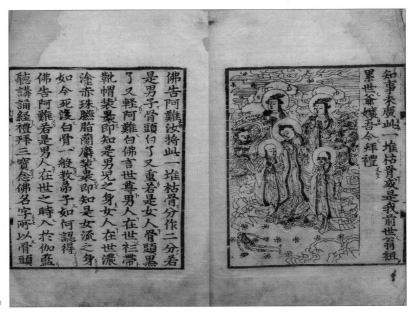

통도사 사리탑
(석종형 부도)

●
『부모은중경』제2장에 마른 뼈의 가르침이 나온다. 대중들과 남방으로 가던 부처님이 갑자기 오체투지로 마른 뼈에 예배하셨다. 그때 아난이 이유를 묻자 "이 한 무더기의 뼈가 혹시 나의 조상이거나 부모의 뼈일 수도 있기 때문에 예배하는 것이니라."라고 답하셨다. 그리고 다시 이르기를 "남자의 뼈라면 희고 무거우나 여자의 뼈라면 검고 가벼울 것이다."라고 하셨는데, 그 이유에 대해 "남자라면 삼보에 예배하고 부처님의 이름을 생각했기에 뼈가 희고 무거우나, 여자라면 아이를 낳을 때마다 서 말이나 되는 엉킨 피를 흘리며 자식에게 여덟 섬 너 말이나 되는 흰 젖을 먹이므로 뼈가 검고 가볍다"라고 말씀하셨다.

●●
신라의 승려 자장율사가 당나라에서 돌아올 때 붓다의 정골사리 등을 모셔 와 통도사와 오대산 중대에 봉안한 기록이 있다.

●●●
법신사리의 가장 오래된 형태는 기원 전후 인도의 불탑에서 발견되는 연기 게송이다. 연기 게송이란, 붓다의 연기법을 나타내는 핵심 시구로 '이것이 있으므로 저것이 있고, 이것이 없으므로 저것도 없다. 이것이 생겨나므로 저것이 생겨나고, 이것이 사라지므로 저것도 사라진다.'이다.

뼈 숭배의 유풍은 신라의 골품제骨品制에서도 확인해 볼 수 있다. 성골聖骨과 진골眞骨은 곧 '성스러운 뼈'와 '진짜 뼈'라는 의미이기 때문이다. 또 불교의 『부모은중경父母恩重經』●에도 무거운 뼈와 가벼운 뼈, 또는 하얀 뼈와 검은 뼈라는 기준에 따른 우열이 나타나는 것을 볼 수 있다.

이처럼 중요한 뼈와 그렇지 않은 뼈의 구분은 과거부터 존재했다. 예컨대 팔이나 다리가 절단된다고 해도 사람은 죽지 않는다. 이런 뼈는 핵심적인 뼈는 아닌 것이다. 가장 중요한 뼈로 인식되는 것은 바로 두개골이다. 우리나라의 대표적 적멸보궁인 통도사와 오대산 중대에는 붓다의 정골사리頂骨舍利와 뇌사리가 모셔져 있는 것으로 알려져 있다.●● 이것은 바로 이와 같은 관점을 나타내는 것이다.

가르침의 사리인 법신사리法身舍利

사리란 영골靈骨, 즉 신령한 뼈라는 의미이다. 이러한 뼈를 핵심으로 하여, 수행과 관련해 생기는 구슬 모양의 결정체를 모두 다 사리라고 한다. 그러나 후대로 오면 뼈보다는 구슬 같은 결정을 주로 사리라고 하게 된다. 즉 사리의 개념에 변화가 생긴다.

뼈나 치아 숭배의 연원은 인류 문명의 여명기까지 거슬러 올라가는 매우 오래된 전통이다. 그러나 후대로 오면서 인간의 본질은 육체가 아닌 정신이라는 관점이 강력하게 대두된다. 그래서 붓다가 설하신 경전이야말로 가장 핵심적인 진수라는 인식이 파생한다. 이것이 바로 법신사리法身舍利의 개념이다. 즉 사리는 사리지만 '가르침의 사리'라는 의미이다.●●●

『무구정광대다라니경』이
모셔져 있던
불국사 석가탑 출토
금동방형사리함

『무구정광대다라니경』

우리가 잘 아는 세계 최초의 목판 인쇄물인 불국사 석가탑 출토『무구정광대다라니경無垢淨光大陀羅尼經』같은 것이 바로 여기에 해당한다. 뼈나 치아 또는 구슬사리는 아무래도 숫자가 제한될 수밖에 없다. 그러나 경전을 의미하는 법신사리는 무한정 만들어질 수 있다. 그래서 후대의 탑들은 대부분 법신사리를 모신 경탑經塔이 주류를 이루게 된다.

인도의 불교탑에서 중국의 다층 누각으로

●
『長阿含經』4,「遊行經第二後」(『大正藏』1, 28b), "收撿舍利. 於四衢道起立塔廟. 表剎懸繪. 使諸行人皆見佛塔. 思慕如來法王道化. 生獲福利. 死得上天. 除得道者."

●●
인도의 불교탑에는 유골을 봉안한 사리탑과 기념탑의 두 가지가 존재한다. 붓다가 깨닫거나 처음으로 설법한 장소에 건립되는 것은 모두 기념탑이다. 사리탑을 스투파라고 하고 기념탑은 차이티야caitya라고 해서, 양자를 구분하기도 한다.

●●●
중국에 전래된 불사리는 다층다각의 최고 건축물이자, 신령한 의미를 내포하는 명당明堂건축에 수용된다. 이로인해 명당건축의 형태는 이후 동아시아 탑의 형태를 결정짓게 된다.

인도의 탑은 어떤 의미에서는 우리의 무덤과 유사하다. 생김새는 밥공기를 뒤집어 놓은 것과 같은 무덤 형태인데, 벽돌로 만들고 그 위에 양산을 씌워 놓았다는 점에서 차이가 있다. 인도에는 우기雨期가 있어 흙만으로는 탑이 흘러내리기 쉽고, 또 무더운 기후로 인하여 존귀한 대상에게는 햇빛을 가리는 용도인 일산을 받쳐 주는 전통이 있기 때문이다.

탑에는 무덤의 의미도 있지만 기념물이라는 의미도 있다. 즉 기념탑이라는 개념이다. 프랑스 파리의 에펠탑 등을 생각하면 되겠다. 이처럼 불교의 탑에는 '무덤+기념탑'의 의미가 존재한다는 말이다. 실제로 부처님께서는 당신의 탑을 사거리의 번화가에 세울 것을 유언하신다.[●] 이는 불탑을 통해서 보다 많은 사람들이 부처님을 생각하며 올바른 선으로 인도되게 하기 위한 배려였다. 이처럼 부처님의 탑에는 성인의 기념탑이라는 의미도 존재했던 것이다.[●●]

이러한 인도의 불교탑 문화는 중국으로 사리가 전파되면서 전혀 다른 양상으로 변모한다. 인도에서 전래된 사리는 중국에서 최고의 건물인 다층으로 만들어진 누각 안에 전시해서 예배되었다.[●●●] 사리 전시 공간으로는 4각이나 8각으로 된 여러 층의 누각이 선호되었는데, 이는 부처님의 사리를 고급 건물에서 효율적으로 공개하기 위한 것이다. 국빈 방문에 최고급 호텔이 사용되는 것 정도를 생각하면 되겠다.

중국의 귀족들은 이곳을 참배해서 사리를 친견하고 예배했다. 이러한 전통 속에서 중국식의 여러 층으로 된 화려한 누각건축이 동아시아 탑의 전형을 형성하게 된다. 오늘날이야 멀리 떨어진 인도문화라고 해도 방송이나 다큐를 통해서 쉽게 알 수 있지만, 고대에는 자신들이 이미 알고 있는 익숙함 속에 새로운 문화를 이식시키는 방식이 일반적이었다. 마치 우리가 사찰에서 합장을 할 때 허리를 숙이는 것처럼 말이다. 악수를 할 때도 마찬가지인데, 말하자면 우리식의 허리를 굽히는 예절과 외래에서 전래한 예절이 한데 뒤섞인 채로 나타나는 것이다. 인도에서 전래한 사리 역시 동아시아의 고급 건축에서 전시되면서 결국 동아시아 탑의 특징적인 형태를 완성하게 된 것이다.

인도 보팔의 산치 제3탑

범어사 부도밭의
부도들

　　동아시아의 한국·중국·일본은 각기 자신들의 나라에 풍족한 재료
를 가지고 탑을 만들었는데, 우리나라는 화강암을 이용한 석탑, 중국은
황토를 사용한 벽돌탑, 그리고 일본은 나무를 활용한 목탑을 만들었다.
이와 같이 동아시아의 문화 속에서도 각기 처한 환경에 따라 차이가 있
는 것이다. 그래서 탑과 관련해서 우리나라를 석탑의 나라, 중국을 전탑
(벽돌탑)의 나라, 일본을 목탑의 나라라고 한다.

왼쪽부터 불국사 석가탑,
중국 서안 대안탑,
일본 호류지 5층목탑

　　동아시아의 탑은 가로는 짝수, 세로는 홀수로 조성된다. 즉 4각형과
8각형을 기초로 3층·5층·7층·9층·13층 탑과 같은 양태가 나타나는 것
이다. 이외에 짝수 층으로 제작된 경천사지10층석탑 등이 있는데, 이는
동아시아 문화가 아닌 티베트불교의 영향을 받아 변형된 것이다. 또 다
른 문화 전통이 섞여 있는 모습인 것이다.

5.
불상의
각기 다른
손 모양

불보살상 앞에 이름표를 붙일 수는 없다

중·고등학교에서 학생들은 이름표를 달지만, 선생님은 이름표를 달지 않는다. 물론 여기에는 학교라는 특성상 학생들은 선생님을 쉽게 알 수 있지만, 선생님은 모든 학생들의 이름을 알기 어려운 면도 분명 있다. 그러나 그보다 더 중요한 배경에는 아랫사람과 윗사람으로 상하 차등을 두는 문화가 존재하기 때문이다. 이는 군대에서 모두가 이름표를 달고 있어도 하급자가 관등 성명을 대는 것을 통해서도 알 수 있다.

　사찰에는 많은 불상과 보살상이 존재한다. 그런데 이 상들은 얼핏 보면 다들 비슷비슷하다. 완전한 깨달음을 얻은 모든 부처님은 서로 비슷한 모습일 것이라는 생각이 반영되었기 때문일 것이다.[*] 차례나 제사를 지낼 때 놓는 위패나 사진처럼, 불상과 보살상은 당신이 누구라는 것

● 부처님은 인간과는 다른 형상을 띠고 있다는 믿음에서 시작된 것으로 부처님의 신체적 특징을 적게는 32가지부터 많게는 80가지로 설명한다.

경기도 남양주
수종사 석탑 내
출토 유물 -
아미타불
(하품중생인의 변형)

수종사 석탑 내
출토 유물 -
미륵보살
반가사유상

수종사 석탑 내
출토 유물 -
비로자나불(지권인)

수종사 석탑 내
출토 유물 -
보관형
노사나불(설법인)

을 스스로 말하지 못한다. 이 때문에 어떤 사찰에서는 불보살상 앞에 친절하게 이름표를 붙여 놓는 경우도 있다. 그러나 이는 윗사람에 대한 모독으로, 있을 수 없는 일이다. 왕이 이름표를 붙일 수는 없는 것처럼 말이다.

그러면 우리는 구분하기 힘든 불상을 어떻게 구분할 수 있을까? 그것은 의외로 쉽다. 여기에는 특별한 원칙이 존재하기 때문이다.

불상과 보살상의 차이

불상의 가장 큰 특징은 뭐니 뭐니 해도 파마머리다. 이것을 나발螺髮이라고 하는데 인도의 상서로운 곱슬머리를 표현한 것이다. '파마 = 불상'의 공식을 암기하면 불상과 보살상의 구분은 어렵지 않다.

문제는 서로 다른 수많은 불상들을 구분하는 것인데, 이때 활용되는 기준이 바로 손 모양이다. 불상은 손 자세의 차이로 구분되며, 이를 수인手印이라 한다.

불교에는 많은 붓다가 존재한다. 실제로 여러 부처님의 명호를 기록해 놓은 『불명경佛名經』*만 해도 30권으로 되어 있다. 그렇지만 복잡해하거나 두려워할 필요는 없다. 우리나라에 가수가 많다고 해도 실제로 텔레비전에 자주 나오는 가수는 몇 되지 않는 것처럼, 사찰에서 볼 수 있는 부처님도 몇 분 되지 않기 때문이다.

●
부처님과 보살들의 명호를 적어서 그 공덕을 설명한 책이다.

손 모양으로 불상 구분하기

일반적으로 사찰에 모셔진 불상은 석가모니불·아미타불·비로자나불·약사여래불·미륵불 정도가 전부이다. 그러므로 이 다섯 분의 손 모양만 이해하면 우리나라의 거의 모든 부처님을 구분할 수 있다.

첫째, 석가모니불은 오른손을 왼손의 위에 올려놓고 명상하는 상태에서, 오른손을 무릎 쪽으로 빼서 대지를 짚은 모습을 하고 있다. 이를 항마촉지인降魔觸地印이라고 하는데, 이는 대지를 짚어서 마왕의 항복을 받았다는 의미로 석가모니의 깨달음을 상징하는 손 모양이다. 이를 속칭 '찍기 수인'이라고 하는데, 오른손이 땅을 향해 있으면 무조건 석가모니불이라고 이해하면 된다.

둘째, 아미타불은 다리 위의 왼손과 들어 올린 오른손의 엄지손가락과 가운뎃손가락을 맞대어 원을 만드는 손 모양을 취한다. 이를 하품중생인下品中生印이라고 하는데, 이것이 동전을 연상시킨다고 해서 속칭 '돈 내놔 수인'이라고도 한다.

셋째, 비로자나불은 두 손을 중앙에 모은 상태에서, 오른손으로 왼손의 집게손가락을 말아 쥔 손 모양이다. 이를 지권인智拳印이라고 하는데, 붓다가 중생을 감싸 안고 있는 것을 상징한다. 그런데 이런 손 모양은 제작이 어렵기 때문에 손을 모으고 있는 정도로만 표현되는 경우도 많다. 즉 손을 가슴에 모으고 있는 것 같으면 비로자나불이라

부석사
석조석가여래좌상
– 항마촉지인

117

용문사
목조아미타여래좌상
- 하품중생인

범어사 비로자나불
- 역지권인(좌우 손의
위치가 반대인 지권인)

고 이해하면 된다.

   넷째, 약사여래불은 석가모니불과 같은 손 모양인데, 왼손 위에 약그릇을 들고 있다는 점에서 차이가 있다. 약사여래는 질병을 치료해 주는 특기를 가진 부처님이다. 그래서 왼손에 약과 관련된 그릇을 가지고 있는 것이다. 이를 약기인藥器印이라고 하는데, 약사여래의 명호와 관련해서 '약을 사라고 하는 약사부처님'이기 때문에 약그릇을 들고 있다고 이해해 두면 기억하기 쉽다.

   다섯째, 미륵불은 서 있는 부처님이라고 생각하면 된다. 미륵불은 하늘의 도솔천에서 미래 세계에 하강하는 구원자 부처님이다. 그런데 고대인들은 부처님이 하늘에서 하강하는 모습을, 마치 체조 선수가 착지하는 것과 같은 관점으로 이해했기 때문에 서 있는 모습으로 표현한 것이다. 즉 '서 있으면 미륵불'이라고 생각하면 된다.

장곡사 철조약사여래좌상
- 약기인

법주사
금동미륵대불
- 시무외 여원인

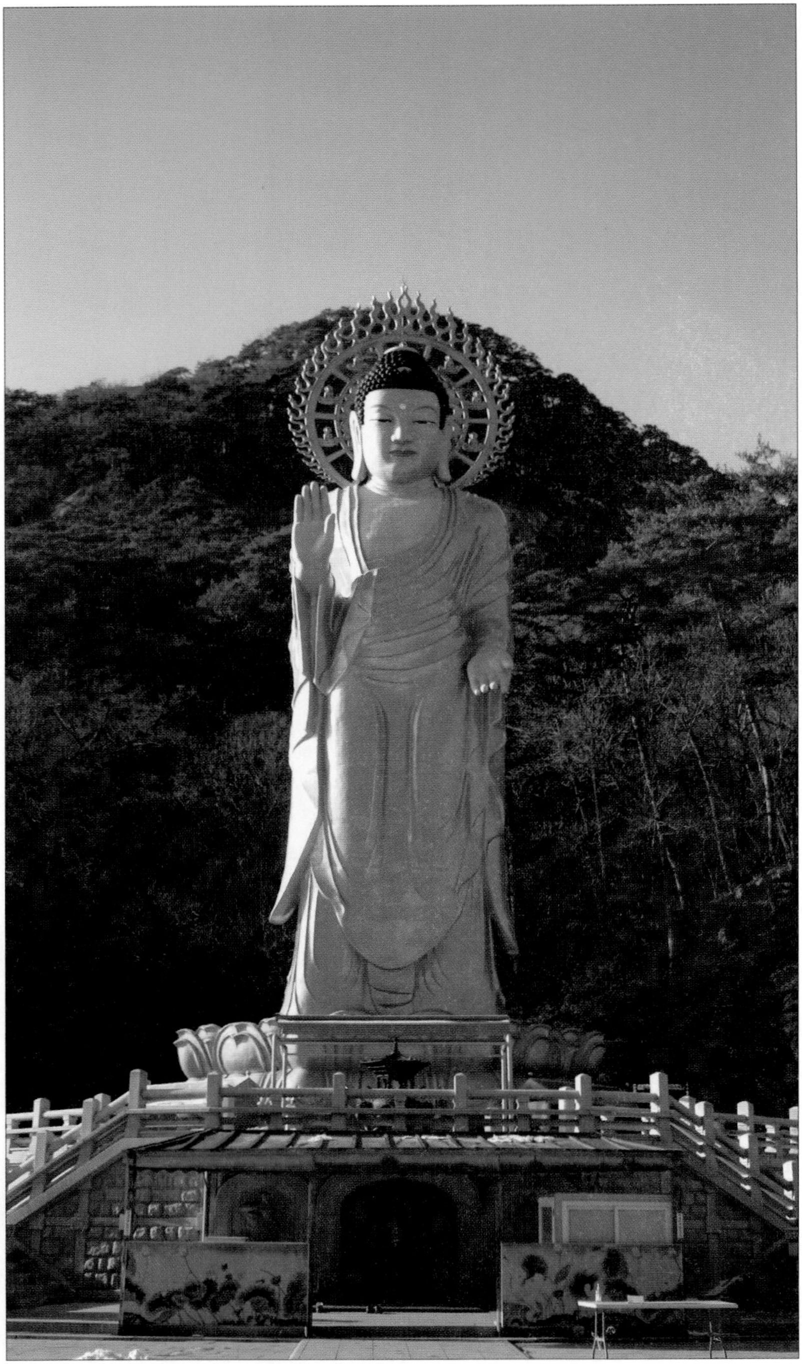

손 모양	그림	부처님 명호
항마촉지인		석가모니불
하품중생인		아미타불
지권인		비로자나불
약기인		약사여래불
시무외인, 여원인		미륵불

6.
화려하고
장엄하게
표현되는 보살상

부처님과 보살은 어떻게 다를까?

어떤 일을 새로 배울 때 인도해 주는 중요한 사람으로 선생님과 선배가 있다. 선생님이 제자와는 비교되지 않는 높은 곳에서 전체를 이끌어 준다면, 선배는 가까운 앞에서 노하우를 전수해 준다. 이처럼 선생님과 선배 같은 존재가 바로 불교의 부처님과 보살이다.

　대승불교에서는 멀리 계시는 부처님보다 오히려 가까이에 있는 보살을 더 높이는 신앙 태도를 갖는다. 가전제품이 망가지면 전자회사 사장이 아니라 A/S 기사가 더 중요하고, 민원이 발생하면 대통령이 아닌 담당 공무원이 핵심이 되는 것과 같다고 이해하면 되겠다. 그래서 우리나라 사찰에서는 부처님보다 관세음보살과 같은 보살이 더 중요한 신앙의 대상이 되곤 한다. 어떤 의미에서 한국불교는 불교라기보다는 보살교인 것이다.

보살상의 모델은 부유한 귀족

앞에서도 이야기했지만 불상과 보살상의 가장 큰 차이는 파마머리에 있
다. 또 불상과 보살상은 동일하게 황금빛으로 만들어지지만 장식적인 화
려함에 차이가 있다. 더 화려하고 장엄하게 표현되는 것은 언제나 보살
상이며, 불상은 단정하고 고요한 위엄의 카리스마로 표현되는 것이 일반
적이다.

　불상은 수행자를 모델로 하기 때문에 가사라는 수행자의 복장 이외
에 불상을 꾸미는 물건이 전혀 없다. 그러나 보살상의 모델은 부유한 귀

불국사 석굴암의
십일면관음보살상(왼쪽)과
경주 남산에서 출토된
관음보살상(오른쪽)

족이다. 그러므로 보살상은 화려한 보관과 다양한 장신구들을 가지는 모습으로 표현된다. 실제로 보살상은 귀걸이나 발찌를 하고 있는 경우도 있다. '뭐 그럴 수도 있지'라고 할 수도 있지만, 모든 보살은 붓다와 마찬가지로 남성이라는 점을 생각할 필요가 있다. 어떤 이들은 관세음보살의 곱고 자비한 모습을 보고 마리아와 같은 여성을 떠올린다. 그러나 아주 부유한 환경에서 자란 꽃미남의 교양인으로 이해하는 것이 사실에 더 가깝다.

인도는 무덥기 때문에 옷이 차지하는 비중이 상대적으로 낮다. 그렇다 보니 장신구를 통해 부와 권력을 표현하는 문화가 존재한다. 반면 동아시아는 다소 추운 기후에 속하기 때문에 장신구보다는 의복 자체의 가치로 그 사람의 부귀함과 지위를 나타내곤 한다. 즉 기후환경적인 요인에 의해서, 자신의 위치에 대한 사회적 표현 방법에서 차이가 발생하는 것이다. 보살상에는 동아시아 전통과는 다른, 무더운 문화 배경의 다양한 장신구 표현이 존재하고 있는 셈이다.

대승불교의 모든 보살은 원칙적으로 남성이다. 다만 수행이 완성되는 과정에서, 인간 내면의 남성성과 여성성이 모두 깨어나게 되면 때론 관세음보살처럼 여성적으로 보이기도 하는 것이다.

중국 낙양의
용문석굴 노사나동

고려불화
〈수월관음도〉

화려하게 치장한 보살상 사이에 자리 잡고 있는 수행자로서의 불상, 이것이 대승불교가 말하는 불교의 모습이다. 부귀하지만 집착하지 않고 가난하지만 물들지 않는 것이 대승불교의 참정신인 것이다.

지닌 물건으로 보살상 구분하기

불교에는 보살상도 무수히 많지만, 불상과 마찬가지로 보살상 역시 몇 가지만 구분할 수 있으면 된다. 그 대상은 관세음보살, 문수보살, 보현보살, 지장보살이다. 이분들이야말로 보살계의 4천왕이라고 일컬을 만하다.

중국 아미산 금정의
사면시방보현보살상

실제로 중국불교에는 이분들을 모신 성산聖山이 별도로 존재한다. 산 전체가 특정한 보살의 특구로 지정되어 있고, 그 안에 적게는 수십 곳에서 많게는 수백 곳에 이르는 사찰들이 밀집해 있다. 관세음보살의 성산은 절강성의 보타산과 낙가산이며,[*] 문수보살은 산서성의 오대산, 보현보살은 사천성의 아미산이며, 지장보살은 안휘성의 구화산이다.

불상은 손 모양으로 구분하지만 보살상은 손으로는 구분이 안 된다. 그래서 특징적인 부분을 보아야만 하는데, 그것은 이마 위와 손에 무엇을 가지고 있느냐 하는 것이다.

먼저 관세음보살의 특징은 이마 위에 부처님을 모시고 있다는 것이다.[**] 이는 언제나 부처님을 기준으로 살겠다는

[*] 보타낙가산의 명칭을 차용한 것이다. 티베트어 발음으로 포탈라카산인데 여기서 포탈라궁의 이름이 나왔다.

[**] 표현상으로는 이마나 보관에 모신 것처럼 드러나지만, 실제로는 상투 속에 모시는 것이 원칙이다. 인도인들에게는 상투 속에 좋은 보석이나 구슬을 넣어서, 신체 주위에 삿된 기운이 침범하지 못하도록 하는 문화가 있다. 이 구슬을 계주髻珠라고 하는데, 관세음보살에게는 이 계주를 대체하는 것이 바로 아미타불인 것이다. 다만 상투 속에 있는 것으로 하면 드러나지 않기 때문에 보관이나 이마에 표현하는 방식을 사용하고는 한다.

중국 사천성 대족석각의
천수천안관세음보살상

경주 기림사 관음전의
천수천안관세음보살상

강원도 평창 오대산
중대 사자암의
비로자나불을 중심으로 하는
문수보살과 보현보살

경북 봉화 청량사
지장보살상

●
문수보살이 손에 쥐는 책은 가로로 병풍처럼 긴 인도의 패엽경 형태를 띤다. 그래서 우리가 일반적으로 생각하는 책 모습과는 다소 차이가 있다. 참고로 동아시아의 책은 '목간과 죽간 →권자본→절첩본→선장본'의 형태로 발전한다.

서원의 표현이다. 문수보살은 지혜 및 공부와 관련된 보살로 손에 책을 쥔 모습으로 나타난다.* 일부에서는 푸른색의 칼을 가지고 청사자를 타기도 하는데, 이는 바른 지혜에 의한 올바른 판단을 상징한다. 보현보살은 특별한 표식은 없고, 상아가 여섯인 흰색의 코끼리를 타는 모습으로 표현된다. 보통 석가모니불이나 비로자나불의 좌우에 문수보살과 함께 등장하기 때문에 문수보살에 맞춰 판단하는 것도 한 방법이다. 보현보살의 흰 코끼리는

경남 고성 운흥사 〈괘불도〉 (1730년)

여의

듬직하고 믿음직한 실천행을 의미한다. 끝으로 지장보살은 스님처럼 빡빡머리를 하고 있다. 손에는 석장이라는 지팡이를 가지고 있는데, 이 역시 예전에 스님들이 사용하던 지팡이인 육환장六環杖을 모사한 것이다. 지장보살은 전체적으로 스님의 모습을 하고 있다고 이해하면 되겠다.

이외에 보살상들은 연꽃과 여의如意를 손에 들고 있는 모습을 보인다. 이 두 가지는 모든 보살이 취할 수 있는 자연스러운 물건(지물持物)이다.

연꽃 지물은 줄기까지 있는 긴 연꽃을 한 손으로는 꽃을 잡고 다른 손으로는 줄기를 잡은 모습으로 표현된다. 연꽃은 처염상정處染常淨이라고 해서 더러운 진흙 속에서도 물들지 않는 청정함을 상징한다. 이것은 보살이 중생과 같이하면서도 물들지 않는 내재적인 초월을 의미한다.

여의는 조금 생소할 수도 있는데, 모든 것을 뜻대로 이루어 준다는 '자유로운 권위'를 상징하는 특징적인 물건이다. 여의는 중국문화권에 속하고 우리나라에는 일반화되지 않아서 잘 모르거나 연꽃의 변형처럼 묘사되기도 한다. 여의의 범주에는 용의 여의주나 손오공의 여의봉과 같은 것들도 있는데, 그냥 여의라고 할 때는 군왕이 손에 쥐는 홀처럼 표현된다. 여의를 통해서 보살의 자유로운 중생 구제를 상징적으로 나타내고 있는 것이다.

보살이 들고 있는 연꽃의 청정성과 여의의 자유로움이야말로 보살의 구제와 자비를 보여 주는 핵심이라고 하겠다.

7.
절에는 왜
여러 부처님이
계실까?

미아리라는 이름의 유래

지금이야 도로명 주소를 사용하면서 동 이름이 사라지게 되었지만, 서울 강북구 미아동은 7동까지 있을 정도로 규모가 큰 동이었다. 또 슬픈 역사가 서린 미아리고개가 있어 한국전쟁 직후에는 〈단장의 미아리고개〉라는 노래가 만들어졌으며, 점집이 즐비한 곳으로도 유명했다. 그런데 이 미아리라는 명칭이 현재의 미아7동 불당골[佛堂谷]에 있던 미아사彌阿寺라는 사찰 이름에서 유래했다는 것을 아는 사람은 별로 없다.

미아사라는 명칭은 아미타부처님을 모신 미타사彌陀寺의 발음이 변화한 것이라고도 하지만, 미륵과 아미타의 첫 글자가 결합된 것이라는 주장이 더 타당하다. 즉 미아사는 미륵불과 아미타불이라는 신앙의 양강 체제가 존재했던 사찰인 것이다. 실제로 경주의 불국사에는 석가모니불

불국사 자하문·안양문

과 아미타불의 양강 체제가 존재하고 있다. 그래서 사찰의 진입로가 석가모니불에게 가는 자하문과 아미타불에 도달하는 안양문 두 가지로 나란히 나타나는 것이다.

불교에는 많은 불보살들이 있기 때문에 다양한 신앙 대상이 존재하게 된다. 이는 우리들의 눈높이가 각각 다르기 때문에, 이에 따라 다양한 불보살들이 요구되는 것과 관련 있다. 즉 불교는 중생의 다양한 요구와 요청을 고려한 백화점이나 뷔페라고 이해하면 되겠다. 그러나 백화점이나 뷔페라고 해도 모든 상품이 대등한 위상을 가지는 것은 아니다. 여기에는 주력 상품이라는 개념이 존재한다는 말이다.

백화점의 다양한 상품들을 정리하는 몇 가지 요소만 알면, 백화점 쇼핑은 더 이상 어려운 일도 복잡한 일도 아니다. 사찰 역시 마찬가지이다. 많은 불보살들로 인해 사찰은 일견 혼란스러워 보일 수도 있지만, 몇 가지 중요한 요소만 알면 더없이 쉽고 편안한 장소가 될 수 있는 것이다.

전殿과 각閣을 구분하라

사찰에서 신앙 대상을 모시는 건물에는 각기 위계에 따른 차이가 있다. 즉 주연과 조연의 차이라고 이해하면 되겠다. 이를 구분하는 것이 바로 건물 명칭에 붙는 '전殿'과 '각閣'이라는 표현이다. 대웅전·적광전·극락전 등 전이 붙은 건물은 메인, 이에 비해 삼성각·산신각·진영각 등 각이 붙은 건물은 보조적인 대상이라고 생각하면 이해가 쉽다.

먼저 '전'부터 살펴보자. 전 중에서도 최고의 전은 역시 대웅전大雄殿이다. 대웅전은 '위대한 영웅을 모신 공간'이라는 의미로 석가모니불이 본존이 된다. 큰 사찰에서도 여러 전 가운데 대웅전이 단연 최고가 되는

쌍계사 대웅전

데, 이는 석가모니불이 모든 부처님 중 최고라는 의미이기도 하다.

그런데 과연 그럴까? 아미타불의 극락세계가 더 좋은 곳인 것처럼, 부처님도 아미타불이 더 대단하신 분이 아닐까? 이 말은 맞기도 하고 틀리기도 하다. 모든 부처님은 깨달음이라는 기준에서는 대등하다. 그러나 그 부처님이 속한 환경에는 분명한 차이가 있다. 아이큐 200인 사람이 한국에도 있고 미국에도 있다고 가정할 때, 이 두 사람은 아이큐에서는 대등하지만 국적에서는 차이가 있다는 말이다. 이런 점에서 본다면, 분명 아미타불이 석가모니불보다 더 대단하다. 그러나 아미타불과 석가모니불은 담당하는 지역구가 다르다. 우리나라에 대통령이 존재하며 이분이 최고의 수반이 되듯, 우리의 불교 세계에서 가장 중심이 되는 부처님은 석가모니불이다. 이것이 대웅전이 전 중의 전인 이유이다.

전과 각에는 어떤 분이 계실까?

대웅전에 석가모니불이 모셔져 있는 것처럼, 적광전에는 비로자나불이, 극락전에는 아미타불이 모셔져 있다. 이외에도 약사전에는 약사여래가, 미륵전에는 미륵불이 본존으로 모셔진다. 여러 전에 각기 다른 부처님을 모시는 것은 우주에 여러 은하가 있는 것을 생각하면 이해가 쉽다. 이것은 여러 부처님을 중심으로 하는 다양한 세계를 상징하는 것이기도 하다.

전과는 달리 각에 모셔지는 대상은 불교 이전의 토속적인 신앙 대상인 경우가 많다. 삼성각에는 동아시아에서 전통적으로 죽음과 인간의 길흉화복을 관장한다고 믿는 북극성과 북두칠성이 불교적으로 변형된 치성광여래를 중앙에 모신다. 그 옆으로 신선사상과 결합된 독성*과 산악

●
나반존자를 달리 이르는 말로 한적한 곳에서 홀로 수행한다고 하여 이렇게 불린다.

충북 보은 법주사
진영각(위)과
진영각 내부(아래)

137

숭배와 합쳐진 산신을 모신다. 산이 없는 바닷가 쪽에서는 산신 대신 용왕이 모셔지기도 한다.

불교는 불교가 전래하기 이전부터 존재하던 문화와 신앙 전통을 존중한다. 그래서 사찰에서는 삼성각과 같은 전통 신앙을 용인하는 것이다. 말하자면 이들은 사찰에 더부살이하고 있는 귀화신歸化神인 것이다. 이와 같은 양상은 삼성각 외에 산신각·성황각 등에서도 볼 수 있다. 물론 이들은 사찰에서 메인은 아니다. 그러나 불교에는 최소한 굴러온 돌이 박힌 돌을 완전히 파내는 일은 없는 것이다.

각에는 토속신앙과 관련된 대상 말고도 덜 중요한 불교의 신앙 대상이 모셔지기도 한다. 예컨대 진영각眞影閣·개산조각開山祖閣과 같은 경우이다. 이 전각들은 해당 사찰과 관련된 큰스님들을 모시는 건물이다. 큰스님은 존숭의 대상이기는 하지만 불보살에는 미치지 못하기 때문에 각에 모셔지는 것이다.

불교, 종교를 넘어 문화가 되다

불교에는 '옷깃만 스쳐도 인연'이라는 말이 있다. 모든 것은 조건의 결합에 의한 결과라는 의미로, 인연이라는 말은 연기緣起나 인과因果와 통하는 불교의 핵심적인 교리이다. 그런데 이 말은 우리 문화 속에서 오래도록 유전하면서 흔히 '인연이 맞아서'나 '인연이 있어서'라는 표현으로 스스럼없이 사용되곤 한다.

　　모든 일은 마치 혼잡한 주차장에 차를 대는 것과 같다. 멀리 빈 곳이 있는 것보다 내 차 앞에서 다른 차가 빠져 주는 것이 가장 중요하다. 이런 것도 역시 인연이다. 시험이나 승진 등에서 겪게 되는 운 아닌 운도 인연이라고 표현하기도 한다. 이렇게 불교는 오랜 세월을 우리와 함께하면서 그 자체로 문화가 되었다. 그런데 문화가 된 불교가 때로는 다른 종교에까지 영향을 미치면서 흥미로운 사건을 낳기도 한다.

예배당과 이슬람 사원

기독교에서 흔히 사용하는 말인 예배당과 예배 시간은 사실 불교와 관련된 표현이다. 예배禮拜란 '예를 갖추어 절한다'는 의미이다. 또 예배당이라고 하면, 절하는 집이라는 뜻으로 이는 사찰을 의미한다. 기독교 전통에는 절이 없고, 또 의자에 앉는 성당과 교회에서 절이란 원칙적으로 불가능하다. 그럼에도 불교와 관련된 이와 같은 명칭이 오늘날까지 사용된다는 것은 무척이나 재미있다.

　　또 흔히 모스크를 이슬람 사원이라고 하는데, 여기에서 사원이라는 표현 역시 절을 의미한다. 그런가 하면 중국에서는 모스크를 청진사淸眞寺라고 한다. 여기에서의 '사寺' 역시 절을 가리키는 한자이다. 이렇게 놓고 본다면, 기독교와 이슬람의 종교 시설이 명칭에서 불교에 더부살이를 하고 있는 형국이라고 하겠다.

139

중국 서안 대청진사

찬송가와 장로

기독교에서 부르는 찬송가讚頌歌의 찬송이라는 표현은 '게송偈頌으로 찬양한다'는
의미이다. 여기에서 계송은 인도불교의 운문인 가타gāthā를 소리나는 대로 적은 게
타偈陀의 변형된 한자 표현이다. 인도 전통에는 성스러운 가르침은 암송해야 한다는
규칙이 있다.* 이로 인해 불교 경전은 500년 동안 서사되지 않고 암송되었으며, 이러
한 전통은 오늘날까지도 태국과 스리랑카 등의 남방불교에 이어지고 있다. 그런데
암송은 아무래도 산문보다는 운문이 유리하다. 이런 인도불교의 운문 형태를 동아
시아에서는 게송이라고 표현한 것이다.

  실제로 우리 불교에서도 모든 종교의식에서 부처님의 공덕을 찬탄하는 찬탄문
이 게송으로 사용되고 있다. 이것을 한문으로 하면 찬송이 된다. 기독교에서는 여기
에 서양의 노래라는 가歌를 더해 찬송가라는 말을 만들어 사용하고 있다.

  이외에 장로長老라는 표현도 재미있다. 불교에서 장로는 덕장연로德長年老, 즉
'덕이 깊고 연세가 많은 분'의 줄임말로 이는 출가한 지 오래된 승려에 대한 존칭이
다. 흔히 『금강경』 등에서 '장로 수보리'라고 하는 것이 여기에 해당한다. 그런데 이
장로라는 표현 역시 어느 순간 기독교에서 더 많이 사용하는 용어가 되었다. 더구나
기독교 종파에는 장로교까지 있는 형국이니, 더 말해 무엇하겠는가? 장로교를 뜻풀
이하면 '승려들의 집단'이 되니 웃음을 자아낸다.

● 인도는 인더스문명 시
기부터 문자가 존재했
다. 그러나 성스러운 가
르침의 누설을 막고, 관
점이 다른 사람들에게
이용될 것을 우려해서
암송하는 문화가 존재
했다. 오늘날까지 동남
아시아의 남방불교에
서는 불교의 삼장을 모
두 외우는 것을 승려의
최고 가치로 인식하고
있다.

140

또 기독교에서 사용하는 천당이라는 표현은 원래 불교에서 신들이 거처하는 공간을 의미하기도 한다. 우리나라 사찰에서 많이 암송되는 무상계無常戒*에는 '천당불찰天堂佛刹'이라는 표현이 있는데, 이는 천당이나 부처님 세계라는 의미이다. 불교는 신들의 세계인 천당보다 극락과 같은 부처님 세계를 더 높게 본다.

지금은 이름을 바꿨지만, 얼마 전까지만 해도 불국사 앞에는 불국교회가 있었다. 불국佛國이란 '부처님 나라'라는 의미이다. 그러면 불국교회는 부처님 나라 교회라는 의미가 된다. 기가 막히지 않은가?

뒤에 들어오는 문화는 선행 문화의 영향으로부터 자유로울 수 없고, 나중에 들어오는 종교는 기존 종교 문화의 영향을 받을 수밖에 없다. 이런 점에서 우리나라의 기독교나 이슬람교는 불교의 용어 영향으로부터 완전히 자유롭기는 어렵다. 그렇기 때문에 용어를 정할 때는 그 의미와 연원을 정확히 알고 주의할 필요가 있지 않을까 싶다.

* 천도재를 할 때 영가에게 읽어 주어 영가의 마음을 일깨워 주는 게송으로 무상, 고, 무아의 뜻과 십이연기의 도리를 간략하게 요약하여 전한다.

3장   신앙 ─────────

기도란 무엇인가

1.
매일 하는
종교의식

붓다 당시에도 종교의식이 있었을까?

불교는 신을 숭배하는 종교가 아니라 수행을 통해서 자신을 각성시키는 종교이다. 이런 점에서 붓다는 당시 사람들에게 숭배 대상이라기보다는 수행의 완성자인 위대한 성자였다. 또 붓다는 만년에 자신을 숭배하려는 움직임과 관련해 그러한 에너지를 자기 자신을 밝히는 데 사용하는 것이 더 올바르다고 가르쳤다. 그러므로 당시에 붓다와 관련된 종교의식은 존재하지 않았다.

그러나 보름마다 자기 잘못을 스스로 반성하는 포살布薩(poṣadha)과 3개월 동안의 우안거雨安居, 즉 집중 수행 기간이 끝난 뒤 일종의 자기 점검과 함께 수행한 이들과 화합으로 마무리 짓는 자자自恣(pravāraṇa)라는 종교의식은 있었다. 붓다에 대한 종교의식은 없었지만 스스로를 밝히기 위한 종교의식은 존재했던 것이다.

　그러나 붓다 입멸 이후, 불교가 종교화되면서 불교는 붓다와 관련된 종교의식을 정립해 나가게 된다. 이것이 불교에서 매일 이루어지는 종교의식인 조석朝夕예불과 사시巳時 기도이다.

조석예불과 문안 인사

불교도나 승려에게 붓다는 가장 중요한 기준이 되는 이상인격이다. 이런 점에서 하루의 시작과 끝을 부처님과 함께한다는 것은, 흐트러지는 자신을 바로 하는 가장 중요한 종교 형태이자 실천이 된다. 즉 자신을 바로 세우려는 기준에 대한 재확인이 바로 조석예불인 것이다. 이러한 조석예불은 붓다 입멸 이후 붓다를 그리워하는 불교도들에 의해서 인도불교에서부터 만들어진 뿌리 깊은 전통이다.

　그런가 하면 동아시아 전통인 효 문화에서는 혼정신성昏定晨省이라고 해서 저녁에는 부모님의 잠자리를 살펴 드리고 아침에는 문안 여쭙는 것을 자식의 당연한 도리로 여겼다. 실제로 『조선왕조실록』에 세자의 문안이 심심치 않게 기록되어 있을 정도로 문안은 중요한 일상 의례였다.

　이 두 가지가 결합하여 한국불교에서는 조석예불이 가장 중요한 일상 의례로 자리 잡게 된다. 조석예불은 새벽에는 3시에 시작하여 5시 정도에 마치고, 저녁예불은 5시 30분 정도에 시작되어 7시쯤 마친다. 예불만 놓고 본다면 소요 시간이 30분 안팎에 불과하지만, 그 전에 불전사물을 울리는 식전 의례가 있고 예불 뒤에 1시간 정도 기도를 하기 때문에 전체 시간은 제법 길어지는 것이다. 예불 참가자들은 예불만 참가하고 물러날 수도 있다.

통도사의 새벽예불

새벽예불이 저녁예불보다 더 긴 것은 일종의 기상나팔에 해당하는 도량석道場釋*과, 세면 등에 관계되는 시간을 벌어 주는 긴 종송鐘頌, 즉 종을 치면서 하는 게송이 있기 때문이다. 그 뒤로 불전사물을 울리는 것은 저녁예불과 거의 동일하다.

조석예불은 먼저 향을 사르고 다기에 차를 올린 뒤, 일곱 번 부처님 전에 절을 올리는 칠정례七頂禮를 한다. 이후에 신중단을 향해 『반야심경』을 독송한 뒤 영단에 〈무상계〉를 읽어 주는 것으로 끝이 난다.

● 도량을 청정하게 하고 스님들을 깨우기 위해 사찰을 돌면서 염불하는 것을 말한다.

147

도량석  종송

부처님 전에 칠정례

불전사물(법고, 목어, 운판, 범종)

발원문 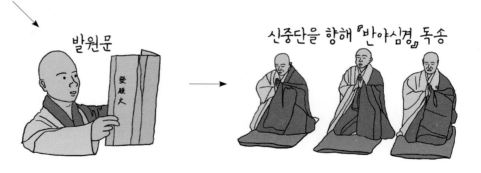 신중단을 향해 「반야심경」독송

영단을 향해 「무상계」독송

148

이처럼 사찰의 일과는 새벽 3시라는 무척 이른 시간에 시작된다. 과거 농경 사회에서도 새벽 3시는 이른 시간이었다. 그런데 오늘날처럼 밤의 활용도가 커지고 잠드는 시간이 늦춰진 상황에서 새벽 3시 기상은 일반인들에게는 거의 불가능에 가까운 일이다. 즉 사찰은 현대에도 다른 시간 기준 속을 살고 있는 것이다.

사시 기도와 공양

조석예불 외에 매일 하는 종교의식으로 사시 기도가 있다. 사시巳時란 하루를 12구간으로 나누어 십이지十二支의 이름을 붙인 과거에 사용하던 시간으로 오전 9~11시에 해당한다. 무더운 인도에서는 정오가 지나서 음식을 먹는 것을 천하게 여겼다. 그래서 붓다는 12시 이전에 공양을 드셨고, 이에 따라 동아시아에서는 12시 이전인 사시를 택해 공양을 올리게 되었다.

오늘날 사찰의 모든 중요한 행사는 사시에 맞춰져 있다. 실제로 법회나 천도재 및 49재와 같은 재 의식도 모두 사시에 진행된다. 이는 사시가 가장 중요한 종교의식 시간임을 의미한다. 물론 여기에는 신도들이 쉽게 올 수 있는 시간이라는 측면도 감안되어 있다.

사시 기도는 사시마지라고도 하는데, 여기서 마지°란 부처님의 공양을 높여서 부르는 말이다. 사시마지라는 말에서 알 수 있듯이 사시 기도의 핵심은 부처님께 공양을 올리는 것이다. 이는 부처님께 공양 올림을 통해 그곳에 동참한 모든 이들이 은덕을 나눈다는 관점에서 비롯된 것이며, 동아시아 조상숭배 전통에서 음식을 올리는 것을 중요한 의례로 여기는 것과도 무관하지 않다.

마지摩旨는 불보살 전에 올리는 공양 밥으로, 과거에는 귀한 분의 밥은 일일이 손으로 쌀을 골라 이물질이 들어가지 않도록 했으므로 '만질 마摩'와 '맛있는 음식 지旨' 자를 써서 마지라고 했다.

149

사시가 되면 부처님 전에
마지공양을 올린다.

사시 기도는 일반적으로 관세음보살을 예찬하는 『천수경』을 독송한 뒤, 불보살을 모시고 게송으로 찬탄한 다음 공양을 올리는 방식으로 진행된다. 그 뒤에 불보살의 명호를 암송하는 정근精勤을 하고 그 은혜를 동참자들이 나누어 가지는 축원을 한다.* 이렇게 해서 불보살과 관련된 의식은 모두 끝나고, 이후에 신중단에 퇴공退供, 즉 상물림을 하고 나서 다시금 신들의 수호와 관련된 축원을 올린다. 이것을 끝으로 약 1시간 30분에 걸친 사시 기도는 전부 마치게 된다.

이외의 일상 의례로는 각 식사 시간에 맞춰 먼저 합장을 하고 〈오관게五觀偈〉**를 암송하는 것 등이 있다. 그러나 요즘은 간소화되어 합장을 통해 음식을 베풀어 준 분에 대한 고마움을 상기하는 정도가 일반적이다.

●
마지 올리기 전에 정근을 하는 것은 편법으로 올바른 방법이 아니다.

●●
스님이 공양할 때, 또는 식당작법食堂作法의 의례를 행할 때 독송하는 게송. 그 뜻은 다음과 같다. ① 이 식사가 있기까지 공이 얼마나 든 것인가를 생각한다. ② 자기의 덕행이 공양을 받을 만한 것인가를 생각한다. ③ 마음을 지키고 허물을 여의는 데는 삼독三毒을 없애는 것보다 나은 방법이 없음을 관한다. ④ 밥 먹는 것을 약으로 여겨 몸의 여윔을 방지하는 것으로 족하다는 것을 관한다. ⑤ 도업道業을 성취하기 위하여 이 공양을 받는 것임을 관한다.

천수경 독송

법회와 기도의 연유를 아룀

불보살을 청해 모심

게송으로 찬탄함

공양을 올림

불보살의 명호를 반복하는 정근을 함

축원을 올림

신중단에 부처님의 마지를
옮긴 후 공양을 올림

축원을 올림

2.
한 달에 몇 번이나
절에 가야 할까?

음력을 크게 표시하는 사찰 달력

오늘날에는 서양과 마찬가지로 양력을 주로 사용하고 있지만, 옛날에는 달의 변화를 기준으로 한 음력을 사용했다. 달은 15일을 주기로 어김없이 변하므로 달력이 부족한 상황에서 날짜를 헤아려야 하는 농경 사회에 적합했다. 옛사람들은 농사의 필요에 따라 24절기를 만들고 이 절기를 이용해서 15일을 기준으로 생활했다. 그만큼 초하루와 보름을 의미 있게 여겼던 것이다.

이와 같은 전통 때문에 우리의 민속 명절은 모두 음력을 기준으로 하고 있으며, 이로 인해 양력을 사용하는 오늘날에는 설이나 추석 날짜가 매년 크게 바뀌곤 한다. 생일도 마찬가지다. 양력 생일이 되면 SNS(사회관계망서비스)에서 생일 축하 메시지가 쇄도하지만, 정작 본인은 아니라고 하는 것도 이와 같은 기준의 차이가 있어 서로 충돌하기 때문이다.

불교의 종교 의례 역시 농경 사회를 기반으로 한다. 그러므로 부처님

153

오신날을 비롯하여 모든 기준은 음력이다. 오늘날 달력에는 음력이 거의 표기되지 않지만 사찰 달력에는 아주 크게 표기되는 이유가 이 때문이다.

초하루와 보름은 절에 가는 날

불교에서 초하루와 보름을 강조하는 것은, 달이 시작되고 기우는 변화기에 몸과 마음을 깨끗하게 하여 바르게 하기 위함이다. 정초에 1년 계획을 세우고 정월 대보름까지 재계하는 것도 마찬가지 의미이다. 이는 첫 단추를 바로 꿰고 자칫 흔들릴 수 있을 때 더욱 추스르겠다는 의미라고 하겠다. 실제로 불교에서는 정초 기도를 올리고 한 해의 무탈함과 복됨을 기원한다. 한 해의 시작인 정초에 마음을 가다듬어 1년을 잘 보내자는 것이다.

그런데 한국불교에서는 초하루와 보름의 기도를 사시(오전 9~11시)에 올리지만, 인도에서는 이와 같은 종교 행사가 실은 밤의 축제였다. 인

일반적인
초하루와 보름 기도

방생법회
정초 기도가 끝나면, 정월
대보름 전에 방생을 가게
된다. 방생 또한 정초의
불교의례라고 하겠다.

도는 기후가 매우 무덥기 때문에 낮에는 종교 행사를 피하고, 선선한 저녁부터 1박 2일에 걸쳐 진행한 것이다. 또 동아시아의 전통과 달리 그믐과 보름을 중시하는데, 이는 철저하게 달을 중심으로 하는 판단이다. 즉 초하루와 보름이 달의 시작과 완성을 의미한다면, 인도에서는 달의 소멸(그믐)과 완전함(보름)을 기려 29~30일과 14~15일에 종교의식을 진행했다. 이것이 오늘날 우리가 하는 초하루와 보름 기도의 원형이다. 그러나 일련의 행사를 통해 몸과 마음을 바로 하려는 재계의 의미는 같다. 즉 부처님께 기도해서 모든 삿된 것을 물리치고 양명한 올바름을 세우는 것, 이것이 불교에서 초하루와 보름에 하는 기도의 진정한 목적이다.

관음재일과 지장재일

사찰에서 초하루와 보름 기도를 올리는 것은, 한 달을 나누어 부처님의 가르침에 의지해서 올바른 삶을 살아가려는 노력이다. 그러나 개중에는 이보다 더한 보살행과 실천을 추구하는 분들도 있게 마련이다. 이런 분들이 사찰을 찾는 날이 바로 관음재일과 지장재일이다.

관음재일은 매월 음력 24일이다. 이날은 자비의 화신인 관세음보살을 생각하면서 기도하고, 이를 통해 스스로를 맑히며 타인을 위해 헌신과 봉사를 하는 실천행의 날이다. 관세음보살은 모든 중생들의 아픔을 버려두지 않고 함께하는 보살이다. 그러므로 관세음보살에게 기도하면 모든 어려움으로부터 극복되는 유쾌한 자유를 얻게 된다. 관음재일을 통해서 우리는 하루가 바르면 하루가 곧고 하루를 닮으면 하루가 관음이 되는 기적을 체험할 수 있게 된다.

지장재일은 매월 음력 18일이다. 지장보살은 '지옥에 빠진 모든 중생들을 구원하지 않으면 깨달아 붓다가 되지 않겠다'는 위대한 서원 속에서, 오로지 약자를 위해 자신의 삶을 내던진 보살이다. 지장재일의 기도를 통해서 지장보살의 가르침을 실천하는 동시에, 가슴에 지장보살을 새길 수 있는 거룩하고 숭고한 시간을 가지게 된다.

부부가 좋다 싫다 하면서도 서로가 서로를 닮아 가는 것처럼, 관음재일과 지장재일을 통해서 우리 역시 점차 속기俗氣를 버리고 위대한 성스러움으로 나아가게 되는 것이다.

3.
불교의
5대 명절

우리의 전통 명절과 불교의 명절

명절 하면 흔히 떠오르는 것은, 설과 추석에 단오와 한식이 덧붙은 전통적인 4대 명절이다. 설과 추석이야 더 말할 나위가 없는 우리의 대표 명절로, 한 해의 시작과 추수 감사의 의미를 지닌다. 그러나 단오와 한식은 오늘날에는 지키지 않고 지나가는 경우가 많아 의미를 잘 모르곤 한다.

먼저 단오端午는 음력 5월 5일로 일 년의 중앙과 남쪽의 양명한 기운을 상징하는 명절이다. 하루의 중간인 오전 11시부터 오후 1시까지를 가리키는 오시午時와 정오의 개념을 생각하면 되겠다. 중국 북경 자금성의 정문은 오문午門인데, 이는 남쪽으로 난 문이라는 의미이다.

다음으로 한식寒食은 양력 4월 5일 또는 6일로 새로운 불을 기리는 의미가 조상숭배와 결합된 명절이다. 불은 인간의 삶에 있어서 반드시

필요한 수단인 동시에, 목조 문화에서는 가장 위협적인 존재이기도 하
다. 그래서 우리 전통에서 집안의 최고신은 불과 관련된 부뚜막신, 즉 조
왕신竈王神이다. 아직도 대규모 목조 시설을 갖춘 사찰에서는 조왕신을
모신 조왕단이 부엌에 설치되어 있는 모습을 확인할 수 있다.

　　명절은 국가적인 최고의 기념일이라는 의미를 갖기도 한다. 왕조국
가에서는 국왕이 곧 국가이기 때문에 국왕의 탄신일도 명절이 된다. 적
절한 예가 아닐 수 있지만, 현대판 왕조국가라 불리는 북한에서는 김일
성 주석의 생일인 4월 15일을 태양절太陽節로 기리고 있다.

　　또 불교가 국교이던 시절에는 불교와 관련된 중요한 날들도 명절의
개념으로 들어갔다. 그래서 우란분절盂蘭盆節과 같은 절의 표기가 현재

159

1	2
3	4

1. 출가절(부처님의 출가)
2. 열반절(쿠시나가르의 열반상)
3. 부처님오신날(조계사 봉축법회)
4. 우란분절(백중기도)

160

까지도 전해 오는 것이다. 그런데 이와 관련해서 재미있는 것이 바로 부처님오신날이다. 이날은 불교의 최대 명절로 과거에는 불탄절佛誕節이나 석탄절釋誕節이라고 불렸다. 그런데 이 표현이 현대에 들어와 한글로만 표기하게 되니 어감이 좋지 않은 문제가 발생하게 된다. 그래서 석가탄신일로 변경해서 사용하다가, 결국 오늘날과 같은 부처님오신날로 정착되기에 이른다. 그런데 크리스마스가 성탄절로 불린다는 점에서, 이 문제는 한 번쯤 더 생각해 보아야 할 측면이 아닌가 한다.

불교의 재일齋日

불교에서는 명절보다는 재일齋日이라는 표현을 선호한다. 재일이란 스스로의 몸과 마음을 가다듬는 날이라는 의미이다. 즉 자신을 바로 한다는 의미가 큰 것이다. 명절에 기념과 축하의 의미가 강하다면, 재일에는 경건한 거듭남이 큰 의미를 갖는다. 그래서 불교의 5대 명절은 그대로 5대 재일이 된다. 즉 재일이라는 불교적 관점이 동아시아의 전통인 명절이라는 측면과 결합되어 나타나는 것이다.

불교의 5대 재일은, 부처님의 일생 중 가장 중요한 탄생·출가·깨달음·열반의 네 가지 사건에 동아시아에서 유행한 우란분절이 더해진 것이다. 이를 한 해의 날짜순으로 기록하면 다음과 같다.

❶ 출가절(출가재일)　　　 : 음력 2월 8일
❷ 열반절(열반재일)　　　 : 음력 2월 15일
❸ 불탄절(부처님오신날)　 : 음력 4월 8일
❹ 우란분절(우란분재일)　 : 음력 7월 15일

❺ 성도절(성도재일)   ：음력 12월 8일

이외의 불교 명절로는 고려 중기까지 정월 대보름 밤에 모든 삿된 것들을 물리치는 의미로 행해졌던 연등절(연등회)이 있다. 이 연등놀이는 무신정권기인 1245년 집권자 최우崔瑀에 의해서 초파일 경축행사로 옮겨져 오늘에까지 이르고 있다.[●]

불교 5대 명절의 의미

부처님은 총 세 번의 탄생을 거친다. 이 세 번이 모두 불교 명절에 포함된다.

첫째는 육체적인 탄생으로 부처님오신날인데 흔히 초파일이라고 불리고는 한다. 초파일이란 4월 초8일의 줄임말이다. 이날 사찰에서는 부처님께서 이 땅에 오심을 기뻐하는 축복의 법회를 가지며 아기 부처님을 목욕시켜 드리는 관욕 의식이 베풀어진다. 이때 사용되는 불상이 바로 천지불天地佛이다. 천지불이라는 이름은 불상이 오른손으로는 하늘을 가리키고 왼손으로는 땅을 가리키기 때문에 붙은 이름이다. 흔히 디스코 부처님이라고도 하는데, 가릴 데는 다 가린 다소 조숙한 아기 모습으로 표현되는 것이 오히려 더 인상적이다.

하늘과 땅을 가리키고 있는 것은 처음 탄생하신 부처님이 이 자세로 '천상천하天上天下 유아위존唯我爲尊',^{●●} 즉 신들과 인간 세상에서 내가 가장 존귀하다고 천명한 것을 표현한 것이다. 부처님오신날에 이러한 부처님의 존엄성을 기리고 우리도 그렇게 되기를 기원한다. 또 야간에는 연등에 불을 밝혀 무지와 삿됨을 물리치는 빛의 장엄궁전을 현실

세계에 구현한다.

둘째는 출가이다. 부처님은 출가를 통해서 비로소 수행자로서 거듭났기 때문이다. 이날은 왕위를 버리고 세상을 위해서 출가하신 부처님의 정신을 기리고 본받고자 서원하는 날이다. 출가 하면 자꾸만 가출이 생각나곤 하지만, 이는 영어로는 The Great Renunciation, 즉 '위대한 포기'라고 번역된다. 버림을 통해서만 얻어지는 완전한 자유, 그것이 바로 불교의 출가 정신인 것이다. 출가일인 2월 8일과 열반일인 2월 15일은 가깝기 때문에, 이를 발심대정진 기간의 출가열반 주간이라고 해서 집중 수행을 하곤 하였다. 탑돌이는 이 기간에 이루어진, 모든 이들이 동참하는 과거의 대중적인 문화제전이었다.•

•
『삼국유사』「김현감호」에는 김현이 이때 경주의 흥륜사에서 탑돌이를 한 내용이 기록되어 있다.

셋째는 깨달음이다. 부다가야의 보리수 아래에서 깨달음을 증득하면서 인간 싯다르타는 비로소 어떤 존재도 넘볼 수 없는 위대한 존재 붓다로 거듭나게 된다. 마치 석탄이 강한 압력을 견디면서 다이아몬드로 거듭나는 것처럼 말이다.

부처님은 깨달음을 얻기 전 수자타라는 목장주의 딸이 공양한 우유죽을 드시고 힘을 내어, 샛별이 떠오르는 새벽녘에 마침내 그 누구도 성취하지 못한 최고의 깨달음을 증득하신다. 그래서 이날은 밤을 새우면서 철야정진을 하는데, 이때 사찰에서는 밤참, 아니 새벽참으로 좋은 영양죽을 쑤어 준다. 이를 모든 맛을 갖춘 죽이라고 해서 오미죽五味粥이라고도 하고, 좋은 재료가 듬뿍 들어 있다고 해서 칠보죽七寶粥이라고도 한다. 또 부처님죽이란 의미의 불죽佛粥이라고도 하는데, 이 죽의 가장 재미있고 보편적인 명칭은 바로 납팔죽臘八粥이다. 중국에는 12월에 사냥을 하는 전통이 있다. 그래서 12월을 사냥 납臘 자를 써서 납월臘月이라고 했다. 즉 납팔죽이란 납월 팔일에 먹는 죽이라는 의미이다. 동짓달인 11월에 동지팥죽을 먹는 풍속도 있으니, 과거에는 겨울에 죽 먹을 일이 제법

성도재일 철야정진

우유죽을 공양하는
수자타(왼쪽)와
깨달음을 얻으신 곳인
인도 부다가야의
마하보디대탑(오른쪽)

많았던 것이다.

부처님이 세 번의 탄생을 마치는 것이 바로 열반이다. 열반이란 완전한 완성이라는 의미이다. 우리는 열반 하면 죽음을 상기하지만, 원래는 육체의 속박으로부터 벗어난 진정한 자유라는 의미가 있다. 그래서 불교의 기준 해인 불기의 시작은 바로 붓다의 탄생년이 아닌 열반년인 것이다. 그래서 붓다의 탄생 시점은 불기에 79를 더해야 한다.

끝으로 우란분절은 일종의 작은추석이라고 이해하면 된다. 인도나 중국은 땅이 넓기 때문에 지역에 따라서 계절이 다르게 나타난다. 그래서 우리와 달리 7월 보름이 추수감사절이 되는 경우도 있다. 특히 인도에서는 4월 보름부터 시작된 3개월간의 우기 집중 수행 기간이 끝나는 때이다. 이 시기에 깨달은 사람들이 많이 나왔기 때문에 인도불교에서는 이날을 크게 기렸는데, 이것이 중국으로 넘어와 추석의 조상숭배와 연계되어 불교적인 조상숭배 전통을 만들게 된다.

일반적인 제사나 설·추석이 남성의 혈족을 중심으로 하는 직계 조상숭배 문화라면, 우란분절은 그 대상으로 직계만이 아닌 외가 등의 모든 지친至親을 두루 포함한다는 점에서 불교의 관용과 평등의 정신이 잘 녹아 있는 명절이라고 하겠다. 또 동아시아적인 전통과 습합된 우란분절은 동아시아불교가 만들어 낸 최대의 문화 히트 상품이었다.

붓다께서 열반하신
인도 쿠시나가르에
다비가 이루어진 곳에
건립된 라마바르 스투파

4.
유교의 제사와
불교의 재는
무엇이 다를까?

제祭와 재齋는 발음이 같다?

오늘날 제祭와 재齋를 구분해서 발음하거나 이를 나누어 들을 수 있는 사람은 없다. 그렇다면 왜 우리 발음에는 제와 재처럼 똑같은 음가音價가 존재하는 것일까? 사실 이 단어가 처음 만들어졌을 때는 서로 발음이 달랐다. 그러던 것이 후대로 내려오면서 경계가 무너져 동일시된 것일 뿐이다. 최근까지만 해도 제는 '좨'라는 소릿값을 가지고 있었다. 그래서 제사의 웃어른을 제주가 아닌 좨주라고 부르곤 했다. 즉 제에는 좨 발음이 있었던 것이다.

음식 중심의 제와 마음 중심의 재

유교의 제와 불교의 재 발음이 같아지고 또 한자 표기가 아닌 한글전용
이 시행되면서, 서로 다른 두 종교 의식은 심각한 혼란의 길을 걷게 된다.

　유교의 제(祀)는 돌아가신 분에게 음식을 제공하는 것을 핵심으로
한다. 유교에는 사후 세계가 별도로 존재하지 않는다. 그래서 죽은 사람
은 산 사람과 같은 공간 안에 눈에 안 보이는 채로 살아가게 된다. 예전
양반집에서는 이들이 머무는 집을 별도로 마련해 주었는데, 이것이 바로
사당이다. 이런 사당 중 가장 대표적인 것이 왕실과 관계된 유네스코 세
계문화유산인 종묘이다. 사실 우리가 제사 등에서 흔히 사용하는 위패
역시 조금만 자세히 관찰해 보면 이것이 기와집 모양이라는 것을 알 수
있다. 위패는 한 채의 집이었던 것이다. 요즘으로 말하면 아파트나 원룸
이라고 이해하면 되겠다.

동아시아 전통문화는
삶과 사후가 단절되지
않는 일원론을 견지한
다. 이로 인해 죽은 영
혼이 가게 되는 별도의
세계가 존재하지 않는
다. 이 때문에 산 사람
과는 다른 방식으로 이
세계 속에 기운이 흐트
러질 때까지 공존한다.
이 기간이 제사의 존속
범위가 된다.

종묘

제사

　조상님들이 돌아가시고 나서도 다른 세계로 가지 않고 우리와 함께한다는 것은 음식의 공급도 필요하다는 것을 의미한다. 그래서 제사가 존재하게 되는 것이다. 실제로 유교의 장례 의식에는 음식과 관련된 상차림이 무척이나 많다. 3일장을 치르면 매일 삼시 세끼를 따로 올려야 하고, 이후로도 발인제·노제·삼우제·졸곡제 등이 있다. 또 지금은 사라졌지만 과거에는 3년간 시묘살이를 하면서 매일 삼시 세끼 음식을 진설했다. 처음 돌아가시면 살아 있을 때의 습관을 잊지 못하므로 매끼의 음식을 올리는 것이다. 그러다가 시간이 경과하면 제삿날과 명절 합동 차례 등으로 간소화된다. 그러나 그 핵심은 언제나 음식에 있고, 이는 조상이 드신 음식을 후손이 나누어 먹는 음복飮福을 통해서도 확인된다. 음복이란 상물림을 통한 같은 혈연집단 안에서의 음식 공유 방식이다. 즉 음식의 제공과 상물림을 통한 음식의 공유가 제사에서 가장 중요한 부분인 것이다.

이러한 양상은 제祭라는 글자를 통해서도 확인된다. 한자 제의 윗부분은 고기를 나타내는 육달 월月(肉)*에 이러한 고기를 많이 진설했다는 의미의 또 우又로 되어 있다. 고기를 많이 차린 제사상을 의미하는 것이다. 이것을 보일 시示, 즉 조상님이 와서 보면서 흐뭇해하는 것, 이것이 바로 제祭 자의 뜻이 된다.

이에 비해서 불교의 재齋는 몸과 마음가짐을 바로 하는 재계齋戒의 의미이다. 우리가 흔히 쓰는 표현인 목욕재계를 생각하면 되겠다. 이는 속된 마음을 성스럽게 하고자 하는 인간의 근본적인 속성과 관련된다. 즉 자신을 바루어 성스러움으로 나아가고, 이렇게 스스로와 세상을 바꾸어 가려는 것이 바로 불교의 재인 것이다. 이런 점에서 본다면 제와 재는 완전히 다른 관점의 종교 관념이라는 것을 알 수 있다.

● 한자의 '고기 육肉' 자가 부수로 들어가면, 자형이 '월月'로 변화한다. 이를 고기 육의 의미를 내포하는 달월형의 글자라는 뜻에서 '육달 월'이라고 한다.

고기육 肉 / 뜨우 又 / 보일시 示 → 祭 제사제

49재와 천도재

불교의 모든 의식은 원칙적으로 재이다. 아침저녁의 예불과 사시의 기도 역시 부처님과 관련된 경건함과 성스러움의 추구와 연결되어 있기 때문이다.

불교의 재 의식 중에서 가장 널리 알려져 있는 것이 49재와 천도재이다. 49재는 돌아가신 분을 재계해서 부처님의 바른 가르침을 들려주는 의식이다. 이를 통해서 영혼은 진리에 가까이 가게 되고, 그 결과로 극락세계와 같은 좋은 세계로 가게 된다. 기독교에서처럼 신이 판단해서 천국과 지옥을 결정하는 것이 아니다. 불교에서는 종교의식을 통해서 스스로 영적인 자각을 획득하게 되고 이로써 좋은 세계로 가게 되는 것이다.

49재는 죽은 직후에 이루어지는 7번의 심판을 의미한다. 마치 우리의 사법 체계가 지방법원 → 고등법원 → 대법원의 삼심제로 이루어져 있는 것처럼, 7일에 한 번씩 총 7심제를 말하는 것이 불교의 49재이다.

우리가 잠들 때 꿈을 꾸는 경우의 수는 많은 다양성을 가지고 있다. 그러나 깊은 꿈속으로 들어가게 되면 꿈의 내용은 잘 변하지 않는다. 49재는 죽은 영혼들을 대상으로 아직 확정되지 않은 꿈을 좋은 꿈으로 바꾸려는 노력이다. 사법적으로 얘기한다면 아직 심리가 진행 중인 미결수를 탄원서 등을 통해서 좋게 바꾸려는 것이다. 그러므로 49재는 죽은 직후 49일에만 단 한 번 가능하다. 이는 마치 영화배우가 영화제에서 신인상을 받을 수 있는 기회는 단 한 번뿐이라는 것과 같다고 하겠다.

10대왕	심판
진광대왕	사후 7일째의 심판
초강대왕	사후 2×7일째의 심판
송제대왕	사후 3×7일째의 심판
오관대왕	사후 4×7일째의 심판
염라대왕	사후 5×7일째의 심판
변성대왕	사후 6×7일째의 심판
태산대왕	사후 7×7일째의 심판(49재)
평등대왕	사후 100일째의 심판(100일재)
도시대왕	사후 1년의 심판(소상)
전륜대왕	사후 3년(만 2년)의 심판(대상)

　천도재는 49일이 지난 영혼에게 베풀어지는 의식儀式으로, 이미 결정된 상황에 대한 반전이라고 이해하면 된다. 사법적으로 말하면 형이 결정된 상황에서의 광복절 특사나 특별 사면과 같은 것이라고 하겠다. 그러므로 49재가 미결 상황에서 유연성을 가진다면, 천도재는 기결 상황에서의 훨씬 어려운 의식이 된다. 마치 나무가 처음 싹이 틀 때는 쉽게 꺾을 수 있지만, 자라나 아름드리나무가 된 후에는 도끼로도 제거하기가 쉽지 않은 것처럼 말이다.

　이외에도 49재나 천도재와는 비교되지 않는 큰 규모의 재 의식으로 영산재靈山齋와 수륙재水陸齋가 있다. 영산재는 부처님이 인도의 영축산에서 가르침을 설하는 것을 배경으로 모든 중생을 각성시켜 자신을 바로 보게 하는 대규모 불교 의식이다. 그 장중하고 아름다운 문화적인 특징을 인정받아 2009년에 유네스코 인류무형문화유산으로 등재된 자

173

랑스러운 우리의 유산이다. 이에 비해서 수륙재는 과거 왕조국가 시절 국가적인 규모로 이루어지던 거국적인 행사로, 하늘과 땅, 삶과 죽음, 물 속과 땅 위의 모든 생명이 함께 각성할 수 있도록 하는 화합의 불교의식 이다. 이런 점에서 수륙재야말로 가장 거대한 규모의 불교 대제전이라 고 하겠다.

영산재

강원도 동해
삼화사 수륙재

5.
염불과
108배의 목적

부처님을 생각하는 마음

어린 시절 읽은 한 권의 위인전기가 소년의 인생을 송두리째 바꿀 수 있다. 인간에게 있어서 누구를 모델로 삼느냐는 것은 그만큼 중요하다. 위인이 나를 바르게 하는 것은 아니지만, 우리는 위인을 통해서 바른 가치관을 정립하고 그러한 정의로운 삶을 살게 된다. 컴퍼스와 자가 세상을 바르게 하는 것은 아니지만, 컴퍼스와 자에 의해서 세상은 비로소 바르게 발전해 간다는 말이다.

머리 위에 부처님을 모시고 있는 관세음보살도 그와 같다.[•] 그러나 이보다 더 중요한 것이 부처님을 생각하는 간절한 마음이 아닐까? 이것이 바로 염불念佛, 즉 부처님을 생각하는 마음이다.

우리는 염불 하면 '나무아미타불, 관세음보살'처럼 불보살의 명호를 부르는 것을 생각한다. 그런데 이는 염불의 일부인 칭명염불稱名念佛일 뿐이다. 영어 단어를 암기하기 위해서 연습장에 빼곡히 반복해서 쓰는 것

●
의상대사의 〈백화도량 발원문〉에 관세음보살 이 아미타불을 이마 위에 모시고 있다는 내용 이 나온다.

을 생각하면 된다. 그것은 단어를 외우고 기억하려는 수단일 뿐이다. 그와 마찬가지로 우리가 부처님을 생각하는 것이 쉽지 않기 때문에 이름을 부르면서 떠올려 보는 행동을 하는 것이다. 그런데 나중에는 이것이 일반화되면서 '염불 = 칭명염불'과 같은 관점이 성립하게 된다. 마치 콜라 하면 코카콜라를 떠올리는 것처럼 말이다. 즉 염불은 본래 부처님을 생각하는 다양한 방법을 가리키는 것이었지만, 어느 때부터인가 부처님의 명호를 소리 내어 외는 칭명염불의 의미로 고착화되었다.

노전 스님의 염불

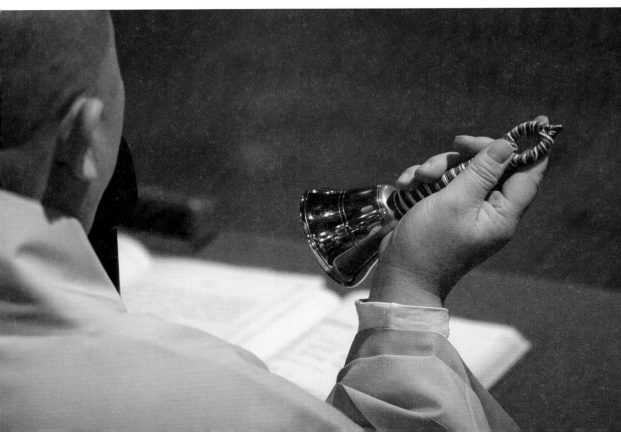

부처님이냐? 진리냐?

●
『나옹어록』에 따르면
나옹선사는 "만약 화두
를 들어도 들리지 않아
냉담하고 아무 재미가
없으면, 낮은 소리로 서
너 번 연거푸 외워 보
시오. 문득 화두에 힘이
생기게 됨을 알 수 있을
것이오. 이런 경우에 이
르면 더욱 힘을 내어 놓
치지 않도록 하시오."
라고 하며 대중들에게
화두를 참구하는 법을
설했다.

●●
우리나라 사찰에서는
장엄염불 가운데 〈고성
염불 십종공덕高聲念佛
十種功德〉이 있다. 이는
큰 소리로 염불하면 10
가지 공덕을 얻게 된다
는 의미이다.

어떤 것을 떠올리면서 생각을 유지한다는 것은 결코 쉬운 일이 아니다. 이럴 때 나지막이 소리를 내 보는 것은 분명 좋은 방법이다.[●] 우리도 흔히 무언가 골똘히 생각하면서 저절로 중얼거릴 때가 있는데 이와 같은 행동이 바로 염불의 시작인 것이다. 그러다가 잡념이 생기면 큰 소리를 내 보는 것 역시 한 방법이 된다.[●●]

이렇게 부처님의 명호를 부르는 것을 염불이라고 하고, 이와 같은 행동을 부지런히 반복해서 열심히 하는 것을 정근精勤이라고 한다. 정근이란 쉬지 않고 노력하는 것을 말한다. 보다 광의적으로는 염불을 포함하는 불교의 종교의식을 열심히 하는 것도 정근이라고 칭한다. 그래서 불교의 모든 기도를 정근이라고도 부른다. 그러나 그 정근에서 가장 많은 시간을 할애받는 것이 염불이므로 '염불 = 정근'이라는 인식도 가능하다. 즉 정근에는 불교의 기도라는 의미와 더불어 염불을 가리키는 뜻도 포함되어 있는 것이다.

범어사 원효암
목조관음보살좌상
복장물 다라니

불교에서 가장 중요한 대상은 부처님이다. 그러나 인간 싯다르타를 부처님으로 거듭나도록 한 것은 다름 아닌 진리이다. 그래서 불교 문화에서는 진리에 대한 추구가 강하게 나타난다. 그러나 진리는 알기가 어렵다. 이것을 과거의 불보살들이 마치 수학 공식처럼 엑기스로 농축해 놓은 것이 바로 진언과 다라니이다.

진언眞言은 참된 말이라는 의미이다. 이것은 불변적인 진리의 속성을 나타내는 것으로 길이가 짧은 것이 특징이다. 다라니陀羅尼는 지혜의 총합이라는 의미로 길이가 길다. 이러한 진언과 다라니를 통해서 진리를 얻으려고 하는 것이 바로 진언 수행인데, 이 역시 열심히 하면 정근이 된다. 즉 정근에는 기도 이외에도 염불과 진언 수행이 있고, 이 중 염불이 부처님을 닮아 가려는 노력이라면 진언 수행은 진리를 터득하려는 공부라고 하겠다.

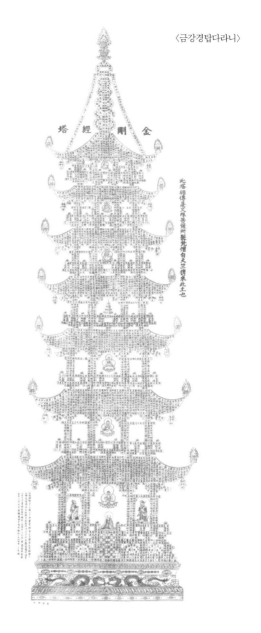

〈금강경탑다라니〉

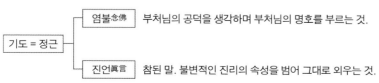

기도 = 정근
- 염불念佛 : 부처님의 공덕을 생각하며 부처님의 명호를 부르는 것.
- 진언眞言 : 참된 말. 불변적인 진리의 속성을 범어 그대로 외우는 것.

참회와 108배

제아무리 보물섬에 들어가도 보물을 쥘 빈손이 없으면 보물을 가질 수 없다. 또 물은 언제나 낮은 곳으로 고이고, 산봉우리는 언제나 높은 곳에서 비바람을 맞는다. 이처럼 스스로를 낮추고 자신을 덜어 내는 것, 이것이야말로 큰 것을 얻기 위한 가장 바람직한 노력이다. 이런 점에서 스스로를 뉘우치는 참회는 중요하다.

참회란 전참후회前懺後悔의 줄임말이다. 즉 과거의 잘못을 반성하고 미래에 되풀이하지 않으려는 주체적인 노력이 바로 참회이다. 참회에서 중요한 것은 당연히 반성하는 마음이다. 그러나 인간의 마음이란 교만하기는 쉽고 단속하기는 어렵다. 그러므로 육체적인 반성의 행동이 강조되는데, 이것이 바로 108배이다. 마치 염불이 부처님을 생각하는 것이지만 그것이 쉽지 않으므로 부처님의 명호를 부르는 것처럼 말이다.

108이란 불교를 상징하는 대표적인 수이지만, 사실 왜 하필 108인지는 불분명하다. 부처님 당시에는 4 → 8 → 12 → 16으로 늘어나는 4진법이 사용됐다.[*] 여기에 기원 전후가 되면 오늘날과 같은 10진법이 사용된다. 이 4진법과 10진법이 결합된 것이 108로, 이는 모든 것을 상징하는 총수의 대변자 역할을 한다. 마치 10진법의 문화 속에서 우리가 만사·만물에서처럼 숫자 10,000이 '모든'의 의미를 내포하는 것처럼 말이다. 그러므로 108번뇌란 실질적인 108가지의 번뇌가 아니라[**] 모든 번뇌의 총체를 의미한다. 또 108배를 통한 참회는 모든 잘못에 대한 반성과 모든 번뇌를 끊는다는 의미를 내포한다. 이것이 108배를 통해서 스스로 성스러워지고 숭고함에 다가가려는 노력인 것이다.

부처님께서는 불교를 믿으면 "아직 생기지 않은 선은 발생하고 이미 존재하는 선은 증장하며, 이미 존재한 악은 줄어들고 앞으로 발생할

● 부처님 당시 인도에서는 4진법이 주를 이뤘다. 부처님의 일생은 대부분이 4와 4의 배수로 전개되는 양상을 보인다. 부처님께서는 32상(4×8)과 80종호의 모습으로 4월 8일 탄생하여 12월 8일 깨달음을 얻고 4성제 8정도와 12연기법을 설하시며 16대국을 교화했다. 화장(다비) 후 8섬 4말의 사리가 나온 것으로 8개 나라 왕들이 근본8탑을 세웠으나 아소카 왕이 8만 4천 탑으로 늘렸다. 이 밖에도 부처님의 키가 1장 6척이라는 것과 치아가 40개라는 것도 있다.

●● 108번뇌는 『대지도론』 권7에는 10전纏+88결結+10수혹修惑이라고 하며, 『대집경』 권59에는 6근根의 작용×호好·오惡·평平의 3종=18. 18×염染·정淨=36. 36×과거·현재·미래의 3세=108이라고 한다. 그러나 이는 모두 108이라는 숫자가 먼저 있던 상황에서 여기에 개수를 맞춘 것으로 판단된다. 즉 108이라는 숫자의 정확한 의미 파악은 쉽지 않은 실정이다.

국가		진법	체계
한국		3진법	단군신화 속 환인·환웅·단군 / 삼위태백 / 풍백·우사·운사 / 360가지 일 / 3·7일
중국		2진법	음양론 – 『주역』의 양의(음양) → 4상 → 8 과 → 64과
		5진법	오행론 – 목·화·토·금·수
인도	불교중국 지역	4진법	부처님 생애: 4월 8일, 4성제·8정도·12연기·16대국, 32상·80종호, 8만 4천 법문 등 / 4×4=16으로 16은 완전한 수를 상징함
	서북인도 지역	7진법	극락정토 경전: 7보寶, 7보수·7보화·7보지·7중 난간·7중 나망·7중 실내 등 / 7×7=49로 49는 완전한 수를 상징함 – 49재
메소포타미아		60진법	시간을 나타내는 60초로 유전됨 – 유사한 것으로 동아시아의 60갑자가 있음
페르시아		12진법	황도 12궁과 관련된 것으로 시간을 나타내는 12시로 유전됨
		10진법	기원 전후에 인도에서 '0'이 발견되면서 10진법이 시작되지만, 널리 사용한 것은 아라비아 상인이므로 아라비아 숫자라고 일컬어짐. 10×10=100으로 100은 온백으로 온전하다는 의미를 가지며, 10진법이 발달해서 100×100=10,000은 만물·만사·만세·만대·만법 등 전체의 의미를 내포함

삼보일배하는
스님과 불자들

악은 사라지게 된다"고 말씀하셨다. 염불과 108배는 우리로 하여금 빛이 어둠을 물리치는 것과 같은 기적을 일으킨다. 그러므로 그것은 불교 신행에 있어서 가장 소중한 열쇠라고 하겠다.

6.
『반야심경』과
『금강경』

세상에서 가장 긴 경전을 아시나요?

일반적으로 불교 경전 하면 가장 먼저 떠오르는 것이 해인사 팔만대장경이다. 팔만대장경과 관련해서는 경판을 모신 장경판전藏經板殿이 우리나라의 유네스코 세계문화유산 중 가장 빠른 1995년에 등록되었다. 또 2007년에는 팔만대장경이 유네스코 세계기록유산으로 등재된다. 즉 명실공히 세계유산 2관왕인 셈이다.

팔만대장경이 어떤 체계로 되어 있는지는 잘 몰라도, 한국인이라면 누구나 불교 경전이 무척 많다는 사실은 잘 알고 있다. 팔만대장경의 80,000이라는 숫자는 그 자체만으로도 위압감을 주기에 충분하기 때문이다.•

여기에서 조금 더 들어가 보자. 이 많은 불교 경전 중 가장 짧은 경전은 무엇일까? 흔히 260자의 『반야심경』이라고 알고 있지만, 이는 사실이 아니다. 『잡아함경雜阿含經』처럼 짧은 경전을 모아 놓은 경전군에는 『반

•
팔만대장경의 경판 수는 1915년 조선총독부가 처음 81,258판으로 집계했으며, 2000년 이후 문화재청은 다양한 조사를 통해 최종적으로 81,352판으로 집계했다.

해인사 장경판전 내부

야심경』보다도 짧은 경전이 다수 존재하기 때문이다. 그러나 한 가지 분명한 것은, 티베트부터 일본까지의 대승불교권에서 가장 유명한 경전이 바로 『반야심경』이라는 점이다. 즉 가장 짧은 경전은 아니지만 가장 널리 독송되는 경전이 『반야심경』이라는 말이다.

그렇다면 가장 긴 경전은 어떤 경전일까? 그것은 600권으로 된 『대반야경大般若經』이다. 이 경전은 불교를 떠나 세상에서 가장 긴 책이라고 해도 과언이 아니다. 실제로 이 경전의 번역자인 『서유기』로 유명한 현장玄奘(602?~664)은 중국 역사상 가장 왕성한 번역가였지만,* 이 경전의 번역에 직면했을 때는 주저하는 모습을 보인다. 현장의 전기인 『자은전慈恩傳』 권10에는, 당시 62세라는 고령의 현장이 처음에는 제자들의 청을 받아들여 간추린 번역을 하려고 했던 사실이 기록되어 있다. 그러나 그날 밤부터 악몽에 시달리게 되고, 결국 전체를 다 번역하는 쪽으로 방향을 수정하게 된다. 그러자 이번에는 불보살이 나타나 미간에서 빛을 뿜어 현장을 비추어 주는 꿈을 꾸게 되었다고 한다. 이렇게 번역부터 범상치 않은 대물大物이 바로 『대반야경』이다.

『대반야경』의 엑기스『반야심경』

『대반야경』과『반야심경』, 왠지 이름부터 통하는 경전이라는 느낌이 강하게 든다. 『대반야경』은 공空 사상을 집대성한 경전이다. 공 사상이란 작용은 있지만 실체는 없다는 철학이다. '나는 시간의 흐름 속에서 끊임없이 변화하는 상태로써 존재할 뿐'이다. 즉 불변하는 것이 아니라, '변화를 통해서 존재하는 그것이 바로 나일 뿐'이라는 말이다. 이것이 그 어디에도 '불변하는 실체가 존재하지 않는다.'는 공 사상이다. 또 이것을 아는 지혜를 반야般若(prajñā)라고 한다. 그래서 이것을 반야공般若空 사상이라고도 하는 것이다.

이러한 반야공 사상을 설명하는 경전이 바로 600권의『대반야경』이다. 그러나 예나 지금이나 이런 엄청난 노력이 대단하기는 하지만 읽기에는 너무 힘이 들게 마련이다. 그래서 이 내용의 핵심을 간추리려는 별도의 노력을 하게 되는데, 이것이『대반야경』의 심장 같은 경전, 즉『반야심경』이다. 이는 아인슈타인의 상대성 이론을 $E=mc^2$으로 축약한 것과 같다고 이해하면 되겠다.

덕분에『반야심경』은 잘 이해가 되지 않는다. 홍삼을 농축한 엑기스만을 가지고 홍삼의 상태를 추측해 보는 것은 어려운 일이기 때문이다. 그러므로『대반야경』은 쉽지만『반야심경』은 어렵다. 그러나 그 속성은 홍삼과 홍삼 엑기스처럼 대등한 것이다.

『반야심경』의 번역자와 유포자는 현장이다. 현장은 소설『서유기』에서처럼 인도로 구법여행을 떠나게 되는데, 이때 실제로 많은 어려움을 겪는다. 그리고 많은 위험을 극복하는 과정에서 현장이 암송한 것이 바로『반야심경』이었고, 현장은 그 덕에 모든 역경을 이겨 낼 수 있었다. 그래서 당나라로 돌아와 중국불교의 1인자가 된 뒤에『반야심경』을 널리 유포하게 된다. 이 영향이 오늘날까지 남아서, 서쪽의 티베트에서부터 동쪽의 일본에 이르는 대승불교권에서 한결같이 『반야심경』을 독송하는 문화가 만들어진 것이다.

실제로 한국불교에서도 아침저녁의 예불과 모든 법회 및 불교 행사에 빠짐없이 등장하는 것이 바로 『반야심경』이다. 이는 『반야심경』이야말로 단연 최고의 경전이라는 인식 속에서 생겨난 특기할 만한 현상이라고 하겠다.

만물은 시간의 흐름 속에서 계속 변화하며 존재한다는데 어떤 의미인가요?

하하, 어려운 이야기를 꺼내셨네요. 그것은 흐르는 강물에 돌을 던져보면 아시게 될 겁니다.

자, 흐르는 강에 돌을 하나 던져볼까요?

잠시 후에 또 돌을 던집니다.

처음 던진 돌과 두번째 던진 돌은 모두 같은 강물에 떨어졌을까요? 변하지 않는 것은 없습니다.

!

우리는 끊임없이 변화하는 시간의 흐름 속에서 변화하면서 존재하고 있지요. 변하지 않는 것은 없습니다. 스스로 방금 전의 자신과 지금의 자신이 변화한 존재임을 깨달아야 합니다.

『금강경』을 아시나요?

『반야심경』이 좋기는 하지만, 이런 『반야심경』에도 문제가 없는 것이 아니다. 고도의 축약 때문에 내용을 이해하기 어렵다는 점이 그것이다. 물론 감기약의 성분을 모두 다 이해하고 복용하지 않아도 정해진 방식에 따라 복용하기만 하면 감기는 낫는다. 이는 『반야심경』이, 뜻을 이해하는 방식이 아닌 기도문처럼 발전한 이유이다.

그러나 인간에게는 내용을 알고 싶어하는 호기심이라는 것이 있게 마련이다. 그래서 600권의 『대반야경』 중 1권을 뽑아서 살펴보자는 발상이 나타나게 된다. 즉 『반야심경』과 같은 축약이 아니라, 가장 질 좋은 한 토막을 뽑아서 맛을 보겠다는 것이다. 이렇게 해서 대두하게 되는 것이 바로 577권인 『금강경(능단금강분能斷金剛分)』이다. 물론 『금강경』은 『대반야경』이 반야공 사상을 집대성하면서 완성된 경전이기 때문에 그 이전부터 별도로 유통되던 경전이었다. 그렇기 때문에 『금강경』은 따로 취급되기에 더욱 유리한 조건을 갖추고 있었다.

『금강경』을 유행시킨 분은 선종의 확립자인 5조 홍인弘忍(601~674)이다. 이분의 『금강경』에 대한 관심이 선종의 완성자인 6조 혜능慧能(638~713)에게로 전달되면서, 동아시아불교는 『금강경』 중심의 불교로 변모했다. 즉 『반야심경』과 『금강경』은 『대반야경』이라는 하나의 부모 밑에 태어난 걸출한 두 자식인 것이다.

초조 달마-2조 혜가-3조 승찬-4조 도신-5조 홍인-6조 혜능.
돈황에서 발견된 『능가사자기』에 의하면, 『능가경』은 초기 선종의 소의경전으로 달마에서 오조 홍인까지 전승되어 오다가 홍인에서 육조 혜능에 이르는 과정에서 『금강경』으로 대체된다.

7.
『천수경』과
『화엄경』

『천수경』은 짬뽕 경전이다?

한국불교의 기도 의식에서 서두를 장식하는 경전은 다름 아닌『천수경千
手經』이다. 물론 기도 앞에 반드시 어떤 경전을 독송해야 한다는 법칙은
없다. 그러나 우리나라 사찰들의 대다수는『천수경』을 읽고 있다. 그런데
막상『천수경』책을 펼쳐 보면, 첫눈에도 이 책이 대단히 산만하다는 것
을 알 수 있다. 그 이유는『천수경』이라는 제목과 달리『천수경』은 그 책
속에 포함된 일부이기 때문이다. 즉 본래의『천수경』앞뒤에 다양한 진
언과 의식에 관련된 내용들이 풀 옵션으로 붙어 있는 경전이 바로 현행
『천수경』인 것이다.

　　『천수경』은 원래『천수천안관자재보살광대원만무애대비심대다라
니경』의 줄임말로, 이 제목은 현행『천수경』안에도 그대로 등장하고 있
다. 소위 〈신묘장구대다라니(천수다라니)〉로 불리는 부분만이 본래의『천
수경』인 것이다.

『천수경』은 천 개의 손과 천 개의 눈을 가진 관세음보살의 무한한
능력을 찬양하는 찬탄문으로 되어 있다. 천 개의 손과 눈이란, 관세음보
살이 고통에 빠진 중생들을 빠짐없이 살피고 도와주는 것에 대한 상징
적인 표현이다. 관세음보살은 축약해서 관음보살이라고도 하는데, 대비
심이 돈독한 보살이다. 그래서 대비 관세음보살이라는 수식이 붙기도
한다.

　대비大悲란 같이 슬퍼해 주는 법을 안다는 의미이다. 미륵보살은 자
씨慈氏 미륵으로도 불리는데, 이는 미륵보살이 중요하게 여기는 가치가
자慈, 즉 사랑이기 때문이다. 그런데 불교도들은 전통적으로 미륵보다는

191

관세음을 더 좋아한다. 이는 우리 인생살이에서 사랑보다는 괴로움에 처했을 때 이를 공감하고 구원해 줄 대상이 더 절실하기 때문이다.

현행 『천수경』은 관세음보살을 찬탄하는 〈신묘장구대다라니〉를 중심으로, 여기에 좋다고 하는 모든 구절들이 들어간 짬뽕 경전이다. 그런데 이러한 짬뽕이 중국이나 일본에서는 발견되지 않는 우리식의 모습이라는 점에서 흥미롭다.

〈신묘장구대다라니〉는 다라니라는 진언 수행의 방법을 활용한 것이다. 그리고 이를 통해서 관세음보살의 살핌으로 모든 재난으로부터 자유롭고자 했으니, 인간이 삶에서 구하는 것은 예나 지금이나 큰 차이가 없는 것 같다.

『화엄경』과 〈법성게〉

『화엄경華嚴經』은 60권본과 80권본 그리고 40권본의 3종류로 전해지는 대승불교의 방대한 경전이다. 화엄 사상은 우주와 나의 관계를 마음이라는 인식론을 바탕으로 설명한다. 전 우주를 가리는 데는 과연 몇 개의 동전이 필요할까? 정답은 단 2개이다. 이 2개의 동전으로 우리의 눈을 가리면 그것으로 우주는 사라지게 된다. 이렇게 나를 중심으로 세계를 이해하는 것이 바로 인식론이다. 즉 모든 일은 마음먹기에 달린 것이라는 게 바로 화엄 사상이다.

『화엄경』은 동아시아 대승불교에서 교학을 공부하는 교종의 최고 철학이다. 중·고등학교 교과서에서 불교를 '공부하는 교종'과 '명상하는 선종'으로 구분하고, 이 중 교종의 핵심을 화엄종으로 놓은 것은 이 같은 이유 때문이다.

一微塵中含十　初發心時便正覺生死
一量無是即方　成益寶雨議思不意涅
即劫遠劫念一　別生佛普賢大人如槃
多九量即一切　隔滿十海入能境出常
切世無一念塵　亂虛別印三昧中繁共
一十是如亦中　雜空分無然冥事理和
即世互相即仍　不衆生隨器得利益是
一相二無融圓　性法叵際本還者行故
一諸智所知非餘佛　息盡寶莊嚴法界實
中法證甚性眞境爲　無隨家歸意如寶
多不切深極微妙名　想尼分得資粮捉殿
切動一絶相無不動　必羅随以緣善巧窮
一本來寂無名守不　不得無緣善巧窮
中一成緣隨性自來　舊床道中際實坐

　우리나라의 화엄종과 관련해서는 시조인 의상義湘대사(625~702)를 빼놓을 수 없다. 의상은 중국 장안 종남산에 유학해서 지엄智儼(602~668) 스님에게 60권 『화엄경』을 배우게 되는데, 이때 졸업 논문으로 제출한 것이 바로 210자로 된 〈법성게法性偈〉이다. 전 세계에서 가장 짧은 졸업 논문이라고 할까?

　〈법성게〉는 〈화엄일승법계도華嚴一乘法界圖〉라고도 하는데, 60권 『화엄경』을 불과 210자로 농축해 낸 그림으로 된 시(게송)이다. 즉 『대반야경』에 『반야심경』이 있다면, 『화엄경』에는 〈법성게〉가 있는 것이다. 이 〈법성게〉 역시 널리 독송되며 49재 등의 재 의식에도 사용되는 일반화된 게송이다.

●
『삼국유사』「전후소장 사리」조에는 하늘의 신으로부터 (종남산 서명 사에서) 천공을 받는 도 선율사에 대한 이야기 가 수록되어 있다. 하루 는 같은 종남산에 유학 중이던 의상대사를 도 선율사가 청하여 천공 을 함께 받게 되었다. 그러나 공양 시간이 넘 도록 천공은 내려오지 않았고, 결국 의상은 돌 아가게 된다. 그러자 천 사가 급히 공양을 가지 고 들어왔다. 이에 도선 이 천사의 늦음을 책망 하자, 천사는 "일찍 왔 으나, 사찰 주위에 높은 신들이 가득해서 들어 오지 못했습니다. 지금 그 신들이 떠나가기 때 문에 이제야 오게 된 것 입니다."라고 했다. 이 에 도선은 의상에게 (화 엄)성중의 호위가 있다 는 것을 알고서 탄복했 다고 한다.

또 의상대사는 『화엄경』에 등장하는 39신들의 호위를 받았다고 한다.[●] 이 영향으로 우리나라 사찰에서 신들을 모신 신중단에는 이들 39신을 모시게 된다. 그래서 이들을 『화엄경』에 등장하는 성스러운 옹호신중擁護神衆, 즉 화엄성중華嚴聖衆이라고 한다.

또 신중단에는, 『화엄경』에 등장하는 화엄성중과 선재동자가 53명의 스승을 만나면서 구도행을 이어갈 때 등장하는 53명 선지식의 이름, 그리고 여기에 『화엄경』의 경전 구조를 요약해서 만든 〈화엄경약찬게華嚴經略纂偈〉를 독송하곤 한다. 이는 『화엄경』을 간략하게 집취해서 만든 게송으로, 『화엄경』의 신들이 모든 악으로부터 우리를 지켜 주기를 바라는 마음에 의한 것이다.

이렇게 놓고 본다면, 한국불교의 『화엄경』과 관련된 측면에는 우리나라 화엄종의 개창자인 의상대사의 영향과 자취가 듬뿍 남아 있다는 것을 알 수가 있다.

『법화경』과 관세음보살

『화엄경』과 더불어 대승불교를 대표하는 경전으로 『법화경法華經』이 있다. 『법화경』은 『묘법연화경妙法蓮華經』이라고도 하는데, 이 경전에서는 석가모니불을 완전한 분이지만 불완전한 중생을 구제하기 위해 불완전한 모습을 드러내는 존재로 이해한다.[●●] 마치 부모가 어린아이에게 말을 가르칠 때, 아이의 수준에 맞춰 어눌한 말을 하는 것처럼 말이다.

●●
『법화경』의 석가모니 불에 대한 관점은 완전 한 존재가 목적 달성을 위해서 불완전한 모습 을 드러낸다는 가현설 假現說(Doketismus)과 유 사하다.

대승불교에서는 석가모니불보다 비로자나불이나 아미타불을 더 높이는 경향이 있는데, 법화 사상은 석가모니불 중심의 강력한 부처님관을 천명하고 있다는 점에서 차이가 있다.

또 『법화경』 안에는 「관세음보살보문품觀世音菩薩普門品」이 있는데, 이 품이 동아시아 관세음보살 신앙의 핵심이 된다. 즉 동아시아에서 관세음보살의 인기는 『법화경』과 관련된 것이다. 그래서 법화 사상과 관음신앙은 서로 연결된 패키지 상품 같은 모습을 보이기도 한다.

불교의
기도 원리

기도, 자력인가? 타력인가?

잘되던 사업이 예기치 않은 위험에 직면하게 되면 어떻게 해야 할까? 기독교나 이슬람과 같이 절대신을 믿는 종교에서는 이를 신의 노여움으로 받아들여 은총을 구하는 기도를 한다. 그러나 불교에는 이런 모든 것을 해결해 줄 수 있는 만능의 신이 존재하지 않는다. 그렇기 때문에 자신의 과오를 비판적으로 검토하고 문제를 최소화하려는 노력을 하게 된다.

기독교나 이슬람의 기도가 신에게 의지하는 타력적인 것이라면, 불교의 기도는 내면을 밝히는 합리적 해법의 도출을 의미한다. 즉 같은 '기도'라는 명칭을 사용하지만, 양자 간에는 밖에서 구하는 것과 안에서 스스로를 밝히는 것의 완전히 다른 차이가 존재하는 것이다. 그래서 불교에서는 투명한 수정 구슬을 시냇물에 빠뜨리면 그걸 찾으려고 함부로 바닥을 헤집지 말고 기다리면서 관조하라고 가르친다. 그러면 점차 물과 구슬이 대비되면서 건져 낼 수 있게 된다는 것이다.

불교의 기본 원칙은 자작자수自作自受, 즉 스스로가 지은 것을 스스로가 받는다는 인과법이다. 제아무리 신이라고 하더라도 악을 구원해서는 안 되며, 선을 단죄해서는 안 된다는 것이 불교이다. 그러므로 불교의 기도란 자신을 반성해서 바름으로 나아가려는 노력이라고 하겠다.

그렇다면 부처님은 필요가 없는 것인가? 그렇지 않다. 마치 붓글씨를 배우는 사람이 체본体本을 통해서 능력을 신장시키는 것처럼, 부처님은 우리들에게 바른 기준의 역할을 해 준다. 그러나 우리가 기준을 통해서 바르게 되기는 하지만, 기준 자체가 우리를 바르게 하는 것이 아니라는 점에서 유신론 종교와 같은 타력과는 차이가 있다. 돋보기를 통해서 불을 만들 수 있지만, 그것은 돋보기에서 불이 나오는 것이 아니라 내가 초점을 잘 맞췄기 때문이라는 말이다. 즉 불교에서는 부처님도 중요하지만, 이를 비판적으로 수용하는 나 자신의 의미가 더 소중하다. 그래서 부처님께서는 '법등명法燈明 자등명自燈明'이 아닌 '자등명自燈明 법등명法燈明', 즉 스스로를 등불 삼고 진리를 등불 삼으라고 하신 것이다.

불교의 기도에 타력은 없는가?

다이어트의 필연성을 느껴 몸의 살의 빼고자 할 때, 가장 효과적인 방법은 무엇일까? 정답은 음식 조절과 적절한 운동이다. 이것이 부작용이나 요요 현상이 없는 가장 확실한 방법이라는 것을 누구나 잘 알고 있다. 그런데 문제는 이걸 실천하기가 여간 어렵지 않다는 점이다.

왜 바른 방법을 알고 있음에도 실천하는 것이 어려울까? 이유는 간단하다. 내가 살이 찌게 된 원인은 나의 잘못된 생활 습관이 누적된 결과이며, 이것을 하루아침에 바꿀 수 없기 때문이다. 마치 금연이 옳다는 것을 알아도 담배를 끊을 수 없는 것처럼 말이다. 그러므로 목적을 좀 더 쉽게 달성하기 위해서 금연 보조제를 사용하게 되는 것이다. 다이어트도 마찬가지이다. 전문 트레이너의 관리와 의사의 처방은 분명 다이어트라는 목적에 도움이 되고, 그 목적을 달성할 수 있는 효과적인 방법임에 틀림없다. 물론 여기에서 가장 중요한 것은, 다이어트를 해야 한다는 본인의 뚜렷한 목적의식이다.

불교 기도가 말하는 타력은 전문 트레이너의 관리나 의사의 처방과 같은 것으로, 여기에 해당하는 분들이 바로 불보살이다. 우리가 흔히 아는 아미타불이나 관세음보살과 같은 분들이 바로 여기에 해당한다. 즉 기독교나 이슬람에서의 타력이 모든 것을 신에게 의지한 채 기도만 하는 것이라면, 불교의 타력은 스스로의 목적이라는 자력을 세워 주는 보조 수단이다. 즉 불교에도 타력은 있다. 그러나 그것은 나를 버려서 신에게 되돌리는 것이 아니라, 나를 세우기 위한 방법으로서의 타력이라는 점에서 양자 간에는 근본적인 차이가 있는 것이다.

기독교나 이슬람에서는 유일신 이외에 모든 섬기는 대상을 우상으로 규정한다. 그러나 불교에서는 이와 달리 '나의 내면이 아닌 외부에서 초래되는 모든 힘은 어리석음'이라고 규정한다. 마치 마약이 기분을 좋게 하지만 그것은 외부적인 것이며, 통제할 수 없기 때문에 결국은 인간을 파괴하는 것과 같다. 즉 통제될 수 없는 모든 힘은 위험하다는 것이 불교의 관점이다. 이런 점에서 본다면, 기독교나 이슬람의 신에 대한 의지依支는 불교적인 관점에서는 단지 무지無知만이 될 뿐이다.

앞선 사람들의 기도와 감응

불교의 기도에는 불보살의 타력적인 도움 이외에도 앞선 사람들의 기도와 관련된 감응이 존재한다. 과거에 수많은 사람들이 불보살을 찾으며 기도한 에너지는 마치 수증기가 모인 거대한 구름처럼 특정한 장소에 서려 있다. 이것이 우리의 기도와 연결되는 상태가 바로 감응感應이다.

예컨대 우리에게 아주 많은 가족이 있는데, 이들이 과거부터 엄청난 양의 항공 마일리지를 적립해 놓았다고 하자. 내가 자력으로 마일리지를 쌓아서 무료 항공권을 얻는다는 것은 쉬운 일이 아니다. 그러나 마일리지 가족 합산을 선택하면, 우리 가족의 마일리지는 곧 내 마일리지와 통합된다. 이것이 바로 기도를 통한 감응 원리이다.

또 감응이란 라디오를 가지고 전파를 잡는 것과도 비슷하다. 라디오 청취는 어떻게 자신에게 효율적인, 즉 필요한 주파수를 잡느냐가 관건이다. 그러므로 열심히 하는 것도 중요하지만, 어떠한 목적을 가지고 어떤 기도를 하느냐가 더 핵심이 된다. 마치 서울에서 부산까지 걸어서 간다면, 열심히 걷는 것도 중요하지만 그보다는 정확한 방향이 더 관건인 것과 같다.

사람들은 입으로는 서방(극락)을 말하지만 몸은 동쪽으로 가는 경우가 많다. 정당한 감응이란 목적의 통일을 기초로 한다. 그리고 이와 같은 측면 역시 또 다른 방향에서의 자력적인 노력과 연결되는 가치라는 것을 잊어서는 안 된다.

4장

순례

어디를 가 볼까요

1.
삼보사찰은
어디일까?

불교의 가장 중요한 상징, 삼보三寶

불·법·승의 삼보는 현재 조계종의 마크가
되는 삼보륜三寶輪까지 연결되는, 가장 중요
한 불교의 상징이다. 그래서 모든 불교 행사
와 의식에서는 가장 먼저 삼보와 연관된 삼
귀의三歸依를 하며, 부처님 당시에는 삼귀의
를 통해서 출가가 이루어지기도 했다.

삼보륜

　우리나라의 가장 유명한 사찰 중에는 삼보사찰이 있다. 이는 불보佛
寶 – 통도사通度寺·법보法寶 – 해인사海印寺·승보僧寶 – 송광사松廣寺로,
각각 영축총림靈鷲叢林과 해인총림海印叢林 그리고 조계총림曹溪叢林으
로 지정되어 있다. 총림叢林이란 한국불교의 전통적 세 가지 교육시설인

불보사찰 통도사 전경

법보사찰 해인사 전경

승보사찰 송광사 전경

강원(경전), 선원(참선), 율원(계율)을 모두 갖춘 최고의 사찰로, 행정구역으로 말한다면 부산·대구·광주와 같은 광역시 개념이라고 이해하면 되겠다.•

삼보사찰은 의도된 것이 아니다?

삼보사찰을 다른 말로 종찰宗刹이라고 한다. 즉 불보종찰·법보종찰·승보종찰이라고 하는 것이 그것이다. 종찰이란 종갓집과 같은 리더 사찰이라는 의미이다. 즉 부처님의 정골(두개골)사리를 모시고 있는 통도사는 부처님을 대표하는 사찰이며, 팔만대장경판을 봉안하고 있는 해인사는 법인 진리의 대표 사찰이고, 15분(혹 16분)의 국사를 배출한 송광사는 스님들의 대표 사찰이라는 의미이다.

그런데 오늘날 보면 매우 자연스럽게 연결되어 있는 이들 삼보사찰이 사실은 전혀 별개의 사찰이었다는 것을 아는 사람이 몇이나 될까? 실제로 통도사는 선덕여왕 때 자장 스님이 중국의 오대산에서 모셔 온 부처님의 정골사리를 봉안하면서 646년에 창건한, 계율을 중심으로 하는 율종사찰이다. 통도사의 명칭인 '통도通度'의 의미 역시 계율을 받아서 승려가 된다는 뜻이다. 실제로 통도사의 중심 건물에는 금강계단金剛戒壇이라고 적혀 있는데, 이는 무너지지 않는 금강과 같은 계율을 받는 곳이라는 의미이다. 즉 승려들의 출가와 승단의 정비를 목적으로 자장에 의해서 창건된 사찰이 바로 통도사인 것이다.

해인사는 우리나라 화엄종의 시조가 되는 의상대사 계통의 순응順應과 이정理貞이 통일신라 시대인 802년에 창건한 사찰이다. 해인사라는 명칭은 『화엄경』에 나오는 '모든 것을 있는 그대로 뚜렷이 비추는 해인

•
농담 삼아 삼보에 맞는 국가를 설정해 본 적이 있다. 인도는 부처님의 나라니 당연히 불국佛國이 된다. 이는 법현의 인도기행문을 『불국기佛國記』라고 하는 것을 통해서도 판단해 볼 수 있다. 다음으로 중국의 중은 물론 한자는 다르지만 우리 발음으로는 스님을 칭하는 속칭이기도 하니, 중국은 승국僧國이 된다. 실제로 중국불교에는 고승들이 많이 존재하니 상당히 그럴 듯하기도 하다. 그렇다면 법국은 과연 어디일까? 흥미로운 것은 중국에서는 프랑스를 법국法國이라고 번역한다는 점이다. 물론 그 법이 삼보의 법을 의미하는 것은 아니지만, 법국이 실제로 존재한다는 것이 재미있다. 프랑스를 한자로 음사하면 불란서佛蘭西가 된다. 그래서 신문기사 등에 프랑스를 '불佛'자로 축약해서 표기하는 것이다. 이렇게 놓고 본다면, 프랑스는 불교와 인연이 깊은 국가라는 생각이 든다. 그래서 그런지 프랑스는 20세기에 들어와 유럽에서 가장 불교가 번성한 국가가 되었다. 재미로한 얘기에 불과하지만, 불국-인도·법국-프랑스·승국-중국이라는 구조가 가능한 것이다. 그런데 실제로도 이들 국가는 각 시대와 지역에 있어서 가장 불교가 발전한 나라라는 점에서 흥미롭다.

통도사 대웅전
금강계단 편액

**해인사 대비로전의
쌍둥이 비로자나불**
진성여왕과 각간 위홍의
영원한 사랑을 위한
불상이라는 이야기가 전한다.

삼매海印三昧'에서 연유했다. 이는 화엄 사상의 사찰이지 팔만대장경과는 전혀 관계가 없다. 그러던 것이 고려가 몽고와 항전하는 과정에서 국론을 결집하고 부처님의 보호로 국가적인 재난을 극복하고자 만든 팔만대장경*이 강화도 선원사에서 해인사로 옮겨진 조선 초인 1398년이 되어 바뀌게 된다. 즉 해인사가 법보사찰의 위상을 가지게 된 것은 조선 초에 팔만대장경의 효율적인 보존을 위해서 해인사가 선택된 일에서 비롯된 것일 뿐이다. 그러므로 삼보사찰에 해인사가 포함된 것은 전혀 의도치 않은 결과라고 하겠다.

끝으로 송광사는 통일신라 말기에 송광산에 길상사吉祥寺로 창건된 사찰이다. 그러던 것이 고려 시대에 들어와 보조국사 지눌(1158~1210)이 당시의 귀족적인 불교를 비판하며, 참선 수행을 중심으로 하는 정혜결사를 이곳으로 옮겨 오면서 사찰의 위상이 일신하게 된다. 이때 사찰 이름을 수선사修禪社, 즉 참선하는 결사도량으로 바꾸면서 산 이름도 조계산으로 변경한다. 당시 개경이 수도였다는 점을 고려한다면, 현재의 순천에 위치한 송광사가 얼마나 수도와 멀리 떨어진 벽지에 위치했는지를 짐작할 수 있다. 즉 참선 수행을 통해서 불교의 본래 정신을 회복하려는 것이 지눌의 근본 목적이었던 것이다. 이것이 성공하면서 지눌 이후 14명(혹 15명)의 국사가 배출되는 쾌거와 함께 송광사의 수행 전통은 고려 말까지 불교계를 주도하게 된다.** 그래서 송광사에는 이분들을 모신 전각인 조사전祖師殿이 별도로 건립되어 있으며, 조사전은 주불전인 대웅보전보다 더 중요한 전각으로서의 의미를 가지고 있다.

또 국사들이 배출되는 과정 중에 어느 때 조계산 수선사는 조계산 송광사로 사찰명이 변경된다. 이는 처음의 산 이름을 차용한 것이다. 그런데 송광사의 소나무 송松 자를 깨뜨려 보면[破字], '十 + 八 + 公'이 된다. 그래서 송광사에는 열여덟 분의 국사가 배출되어, '광廣' 즉 불교를 넓

● 이규보의 「대장각판군신기고문大藏刻板君臣祈告文」에는 외적의 침입을 막기 위해 왕이 대장경을 만들기를 발원하자 외적이 물러갔다는 기록이 있다.

●● 고려 말의 『나옹어록懶翁語錄』에 따르면, 송광사는 당시 '동방제일도량'으로 불렸다.

송광사 국사전

힌다는 이야기가 전해지고 있다.

송광사는 선종의 사찰이며, 더 정확하게는 구산선문 중 사굴산문闍
崛山門의 사찰이다. 이런 점에서 본다면 삼보사찰은 율종 – 통도사·화엄
종 – 해인사·선종 – 송광사의 언밸런스하면서도 여러 종파가 통합된 균
형 잡힌 구도를 보이고 있다고 하겠다. 또 각 사찰이 삼보의 의미를 확보
하는 시대도, 통도사 – 신라·해인사 – 조선·송광사 – 고려로 각기 다른
시대를 대표하고 있다. 이 역시 언밸런스한 동시에 우리 역사의 전 시대
를 아우르는 균형감을 보여 준다는 점에서 흥미롭다.

송광사 국사전에 모신
보조국사 지눌 진영

통도사가 위치한 영축산.
인도의 영축산과 산세가
닮아 있다.

위치한 산 이름에 주목하라

우리나라 사찰은 그 절이 위치하고 있는 산 이름과 서로 호응하는 경우가 많다. 그러므로 산의 명칭을 아는 것 역시 사찰의 특징을 파악하는 데 있어서 중요하다.

먼저 통도사가 위치한 산은 영축산이다. 영축산이란 인도 중부에 위치한 그리두라쿠타Gṛdhrakūṭa산으로, 이는 기사굴산耆闍崛山으로 음역된다. 이곳은 부처님께서 주로 활동하시던 마가다국의 수도 왕사성에 위치한 신령한 산으로, 산에 독수리와 관계된 전설이 있어 ˙ '신령한 독수리 산(영축산)'으로 불리게 된다. 이곳에서 부처님은 오랫동안 머물며 수행하셨고, 또 산 정상은 『법화경』의 설법지로 유명하다. 즉 통도사는 부처님과 관련된 가장 신령한 산인 영축산에, 부처님의 정골사리를 모시고 있다는 최고의 상징성을 확보하고 있는 것이다.

다음으로 해인사는 가야산伽倻山에 위치해 있다. 가야산이란 부처님께서 깨달음을 얻으신 부다가야를 의미한다. 가야gayā란 본래는 지역의 명칭으로, 이를 번역하면 상두象頭, 즉 코끼리 머리라는 뜻이다. 즉 마가다국에 코끼리 머리처럼 생긴 지형이 있었는데 사람들이 이곳을 가야라고 불렀던 것이다.

인도에서의 코끼리는 중국의 용처럼 군주를 상징하는 동물이다. 그러므로 코끼리 머리 지형은 매우 성스러운 곳으로 인식되어 많은 철학자와 종교인들이 찾는 수행처가 된다. 부처님께서도 이곳에서 수행해서 깨달음을 얻는데, 이로 인하여 그 지역이 분리되어 부처님의 가야, 즉 부다가야가 만들어지게 된다. 이렇게 놓고 본다면, 가야산 해인사는 부처님의 깨달음과 이것을 처음으로 설법하신 『화엄경』의 사상이 서려 있는 불교의 정수를 상징한다고 하겠다.

˙ '신령스러운 독수리 산'이라는 뜻을 지닌 영축산은 고대 인도 마가다국Magadha의 수도인 왕사성 북쪽에 위치하며, 독수리가 많이 살았기 때문에 또는 독수리처럼 생긴 바위가 산 정상에 솟아 있어서 그렇게 불리게 되었다.

인도 영축산 독수리 바위.
독수리가 날개를 접고
앉아 있는 듯하다.

영축산 정상의
여래향실如來香室.
부처님이 계신 곳은
공경하는 향 연기가
그치지 않는다고 해서,
'여래의 향불 공간'이라는
의미의 여래향실로
불리곤 한다.

경남 김해
호계사 터의
파사석탑

214

또 가야라는 명칭은 한국불교의 해상 전래와 더불어 우리의 고대국가 이름이 되기도 한다.[•] 고구려·백제·신라와 더불어 함께했으나 잊혀진 왕국이 된 가야의 국호가 바로 여기에서 유래한 것이다. 이는 고대에는 인도의 가야가 우리와 사뭇 가까이 있었다는 것을 알려 주고 있다.

끝으로 송광사가 위치하고 있는 조계산曺溪山은, 중국 동남쪽에 위치한 광동성 소주韶州의 조계산의 명칭을 차용한 것이다. 이 산이 동아시아불교에서 중요한 것은 선종의 완성자인 육조 혜능이 조계산 보림사寶林寺(현 남화선사)에 주석했기 때문이다. 흔히 선종의 시조를 달마라고 하지만, 이를 중국적으로 정립시킨 인물은 혜능이다. 마치 세종의 〈용비어천가〉에서는 "시조(목조)가 경흥에 살면서 왕업을 이루어 조선왕조를 열었다"라고 하였지만, 사실은 이성계가 조선을 건국한 것과 같은 상황이라고 이해하면 되겠다.

조계산의 조계曺溪라는 명칭은 원래는 소주에 있는 하천의 이름이다. 즉 이는 물 이름이 산 이름으로까지 확대된 경우라고 하겠다. 혜능이 선종의 완성자이기 때문에 혜능의 가르침을 따르는 선종을 다른 이름으로 조계종이라고 한다. 지눌이 송광산을 조계산이라고 고친 것도 혜능의 가르침을 재차 드날리겠다는 의미인 것이다. 또한 오늘날 한국불교를 대표하는 조계종이라는 명칭 역시 바로 여기에서 연유하였다. 이렇게 볼 때 통도사와 해인사가 인도의 부처님과 관련된다면, 송광사는 처음부터 참선과 관련된 선종의 사찰로 기획되었다는 점에서 큰 차이가 있다고 하겠다.

● 『삼국유사』에는 기원후 48년 허황후 황옥이 가야의 수로왕과의 혼인을 위해 서역 아유타국에서 오면서 불교를 가져왔다는 남방 전래설이 기록되어 있다. 그리고 당시 허황옥이 가져온 파사석탑이 실제로 남아 있다. 가야는 기원 전후부터 신라와 통합되는 6세기 중반까지 제철, 문화예술 등 특유의 사상과 신앙을 바탕으로 중국, 일본 등과 활발히 교류하며 해상강국으로 이름을 떨쳤다.

2.
5대 보궁은
어느 곳일까?

자장 스님과 보궁의 시작

부처님의 사리를 숭배하는 것은, 탑 신앙의 전통과 더불어 불교권 전역으로 확대된다. 우리나라 역시 예외는 아니어서, 삼국시대로 올라갈수록 사리를 모신 거대한 목탑이 사찰의 중심에 건립되어 있었다. 그러나 오늘날 우리가 아는 부처님의 사리를 모신 보궁寶宮들은 이러한 사찰은 아니다.

흔히 보궁이라고 하면, ❶양산 통도사 ❷오대산 중대 ❸태백산(현함백산) 정암사 ❹사자산 법흥사 ❺설악산 봉정암의 다섯 곳을 가리킨다. 그래서 이를 5대 보궁이라고 한다. 그런데 이들 보궁은 모두 신라 말 선덕여왕 시대의 고승인 자장율사(생년:594-599~몰년:653-655)와 관련 있다. 즉 자장 스님이야말로 한국불교 보궁 신앙을 확립한 분인 것이다.

1   4
2
3   5

1. 통도사 금강계단
2. 오대산 중대보궁
3. 법흥사 적멸보궁
4. 정암사 수마노탑
5. 봉정암 불뇌보탑

보궁이란 가장 훌륭한 궁전이라는 의미로, 부처님의 사리를 황제와 같은 예우로 대우하는 표현이다. 마치 황제가 황궁에 있는 것처럼, 부처 님의 사리는 보궁에 모셔지는 것이다. 보궁을 적멸보궁寂滅寶宮이라고도 하는데, 이는 적멸이라는 부처님의 고요한 깨달음이 유형의 사리로써 보 궁에 모셔져 있다는 의미이다.

오대보궁의 위치를 살펴보면, 경남 양산의 통도사를 제외한 4곳은 모두 강원도에 위치하고 있다. 자장 스님이 살던 시기는 삼국시대 말로 당시 신라는 고구려와 백제의 침략으로 위기에 봉착해 있었다. 자장 스 님은 신라의 북쪽인 강원도가 고구려의 침공 조짐으로 소란스러워지자 이를 해결하는 방법으로 종교적인 구심점을 만들게 된다. 이렇게 해서 오대산 중대에 사리가 봉안되고 월정사가 창건되기에 이른다. 또 만년의 자장은 실제로 현재의 정암사에서 생을 마쳤다.* 그리하여 경주와는 먼 강원도에 자장 스님과 관련된 보궁들이 탄생하게 된 것이다. 즉 경주와

오대산 월정사

218

통도사 개산조당에
모신 자장율사 진영.
통도사에서는 매년
개산대재를 기해
개산조당 앞에서
자장율사의 창건정신을
기리는 영고재를
지낸다.

219

강원도라는 먼 거리는 변방의 안정이라는 목적에 따른 자장의 활동 흔적인 셈이다.

자장 스님이 모셔 온 부처님의 사리

자장 스님은 당시 최고의 귀족으로 골품제에 따라서 재상의 지위를 품수받았으나, 출가의 행복 속에서 왕명을 거부한다. 결국 왕은 사자使者에게 자장이 거부하면 목을 베라고 명하게 되고, 사자는 이 말을 자장에게 전한다. 그러자 자장 스님이 "내 차라리 하루라도 계율을 지키다가 죽을지언정, 계율 어기고 백 년 살기를 바라지 않는다[吾寧一日持戒而死, 不願百年破戒而生]"고 하면서 목을 내밀었다.

이후 자장 스님은 연만한 나이에 중국 당나라로 건너가 선진불교와 교류하고, 여러 성지를 순례하는 과정에서 문수보살의 성지인 오대산을 참배한다. 이 오대산의 북대北臺에서 돌로 만들어진 문수보살상에 간절히 기도하는 과정에서 문득 상서로운 꿈을 꾸게 되는데 다음 날 문수보살이 직접 나타나 부처님의 사리와 가사를 전해 준다. 즉 자장 스님이 모셔 온 사리는 문수보살에게 전해 받은 이적의 산물인 것이다. 또 문수보살은 자장에게 한국의 강원도에도 오대산이 있으니 찾아볼 것을 권했다.

자장 스님은 귀국 후 진흥왕이 창건한 황룡사에 높이 80미터에 달하는 당시 세계 최고의 구층목탑을 건립하고 이곳에 부처님의 사리를 봉안한다.* 또 고구려의 남하와 관련해서 시끄럽던 강원도를 찾아 오대산을 개착하고는 이곳의 중대에 불사리를 모신다. 이렇게 해서 중국 오대산에 상응하는 한국 오대산의 역사가 시작되는 것이다.

오대산은 문수보살이 머무는 성산聖山으로, 지혜를 상징하는 문수

●
황룡사 구층목탑과 관련해서는 872년에 탑을 중수하며, 그 과정과 탑의 연원을 기록한 자료인 〈찰주본기(보물 제1870호)〉가 존재한다. 이에 따르면, 자장이 당나라 장안의 종남산에서 원향선사에게 황룡사에 9층탑을 세우면 중국과 일본 등 동아시아의 아홉 나라가 모두 신라에 항복할 것이라는 말을 듣고 돌아와 645~646년에 걸쳐 탑을 조성한 내용이 기록되어 있다.

울산 태화루

보살은 자비의 관세음보살과 더불어 가장 인기 있는 대승불교의 신앙
대상이다. 이로 인하여 한·중·일 동아시아 삼국에는 모두 오대산이 존
재하게 된다. 즉 문수보살 신앙에 따른 다국적 체인망이 갖춰져 있는 셈
이다.

　　자장 스님은 경주에 황룡사 구층목탑의 건립 외에도 지금의 수도권
에 해당하는 울산에 태화사太和寺●와 양산에 통도사를 창건하고 부처님
의 사리와 가사를 모시게 된다. 이렇게 해서 황룡사 구층목탑과 오대산,
그리고 태화사와 통도사에 이르는 자장 스님에 의한 보궁들이 정립되기
에 이른다. 이후의 강원도에 위치한 다른 보궁들은 후대에 추가된 것들
이다. 그러나 이 중 황룡사 구층목탑은 몽고의 고려 침략기에 소실되고,
태화사 역시 조선 후기에 사라지고 만다. 그 결과로 오대산과 통도사가

●
자장 스님은 중국 오대
산 북대에서 문수보살
을 친견한 후, 중대 쪽
으로 내려오다가 신령
한 연못인 태화지에서
용이 변신한 신인神人
을 만나게 된다. 이 신
인의 부탁으로 창건된
사찰이 울산의 태화사
이다. 태화사는 영빈관
을 포함하는 대당 외교
의 본거지 역할을 하던
사찰로 규모가 거대했
다. 이에 울산에는 현재
까지도 태화동, 태화강,
태화나루 등의 지명이
존재하게 된다.

적멸보궁을 대표하게 되는데, 이렇게 해서 만들어진 말이 '고산제일월정사高山第一月精寺 야산제일통도사野山第一通度寺'이다. 이는 높은 산의 보궁으로는 오대산의 중대를 관리하는 월정사가 첫째이고, 낮은 산의 보궁으로는 통도사가 으뜸이라는 뜻이다.

뇌腦사리와 정골사리

월정사가 관리하는 오대산 중대에는 뇌사리가 모셔져 있고, 통도사에는 정골사리, 즉 부처님의 두개골이 봉안되어 있는 것으로 전해진다. 그런데 사람의 뇌가 어떻게 사리가 될 수 있을까? 이는 인간의 신체에서 가장 중요한 뇌라는 상징성을 통해서 최고의 핵심적인 사리가 오대산 중대에 모셔져 있다는 것을 의미한다. 부처님의 화장 과정에서 머리와 관련해 붉은색으로 나온 사리를 뇌사리라고 특칭하고, 여기에 최고의 상징성을 부여하고 있는 것이다. 이와 같은 뇌사리를 모신 곳으로는 오대보궁 중 설악산 봉정암이 더 있다.

통도사의 정골사리에 대해서는 임진왜란 과정에서 왜구의 약탈을 우려한 사명당이 사리를 수습해 강원도 정암사를 거쳐 당시 서산대사가 주석하던 황해도 묘향산 보현사普賢寺로 보냈다는 기록이 있다. 이후 전란이 안정되자 서산대사는 정골사리를 본래 모셔져 있던 통도사로 되돌려 보낸다.

정골사리에 대한 최후 기록은 이중환의 『택리지』에서 확인된다. 여기에는 1705년에 성능聖能이라는 스님이 금강계단을 중수하는 과정에서 은으로 만든 함에 부처님의 대접만 한 두개골이 비단 보자기에 싸여 있는 것을 확인했다는 기록이 있다.•

•
『택리지』「복거총론卜居總論」에 수록되어 있는 성능의 금강계단 중수 기록은 『사바교주계단원류강요록』 속의 1705년 민오가 작성한 「강희을유중수기康熙乙酉重修記」에서도 확인된다.

오늘날 오대산 중대와 통도사의 사리를 눈으로 확인할 수는 없다. 이는 한국불교 최고를 넘어서 불교 최상의 가치라고 할 수 있는 신성한 부처님 사리를 함부로 발굴해서 공개할 수 없기 때문이다. 그러나 산새들이 적멸보궁 위를 날아다니지 못하는 이적이 현재까지도 이어지고 있고 때론 신령한 빛이 뿜어져 나와 오로라와 같은 장관을 연출하곤 한다. 이것이야말로 성인은 가셨어도 그 고귀한 뜻은 남아 우리와 함께하고 있는 거룩한 자취가 아니겠는가!

3.
우리나라의
성산

성지聖地와 성산聖山

성지는 해당 종교와 관련해 특별히 의미 있는 장소를 나타내는 표현이다. 불교적으로 가장 유명한 성지로는 부처님과 관련된 4대 성지와 8대 성지가 있다. 4대 성지는 다음과 같다. ❶탄생지인 룸비니 ❷깨달음을 증득하신 부다가야 ❸처음으로 설법을 행하신 사르나트 ❹돌아가신 열반의 땅 쿠시나가르.

여기에 부처님의 가장 대표적 신통의 땅 4곳인 ❺왕사성 ❻사위성 ❼상카시아 ❽바이샬리가 더해지면 8대 성지가 된다. 왕사성에서는 이성을 잃고 돌진하는 코끼리를 오른손을 들어 멈추게 했고(취상조복醉象調伏), 사위성에서는 1,000명으로 분신(천불화현千佛化現)하신 뒤 하늘로 승천하는 신통을 보이셨다. 상카시아는 그렇게 올라가신 하늘에서 하강하신 곳이며, 바이샬리는 임의로 당신의 수명을 결정해 죽음을 결정하신 곳이다. 즉 8대 성지는 4대 성지 외에 다시금 여덟 곳을 말하는 것이 아

1   2
3   4

1. 룸비니
2. 부다가야
3. 사르나트
4. 쿠시나가르

1 2
3 4

1. 왕사성 성벽 유적
2. 사위성 천불화현 스투파
3. 상카시아의 아소카 석주
4. 바이샬리 대림중각강당의
   아난 반신탑

니라, 4대 성지를 포함하는 4 + 4라고 하겠다.

성지가 종교적으로 특별히 신성한 장소라는 의미라면, 성산이란 산 전체가 성지가 되는 곳이다. 거대한 산을 포함하는 일종의 종교특구라고 이해하면 되겠다. 그리스·로마 신화의 제우스를 필두로 하는 12신이 머무는 올림포스산을 생각하면 이해가 쉽다.

보살들은 대체 어디에 살고 있을까?

대승불교에는 많은 보살들이 존재한다. 그렇다면 이분들은 대체 어디에 있는 것일까? 미륵보살은 전생에 중인도 바라나시에 존재했던 아일다라 는 남성이다. 이 아일다가 출가해서 석가모니부처님께 다음에 미륵이 된 다는 결정적인 수기를 받게 된다. 이곳이 바로 바라나시에 위치한 사르 나트 내의 현재 다메크 스투파가 위치해 있는 곳이다. 즉 미륵보살의 출 신과 원적은 부처님 당시의 바라나시 출신 아일다이다.

그러나 현재 미륵보살이 머무는 곳은 천상세계인 도솔천의 내원궁 內院宮이다. 이곳에서 미륵은 현재 많은 신을 교화하면서, 미래에 이 세계 로 와서 붓다가 되기 위해 대기하고 있다. 즉 현재는 대통령 당선자로서 취임을 준비하며 인수위를 꾸린 채로 존재하고 있는 것이다. 그러므로 미륵의 현주소는 도솔천이 된다.

불교에는 진짜 어마무시할 정도로 많은 경전이 있는데, 이 중『화엄 경』「보살주처품」에는 여러 보살이 어디에 머물고 있는지에 관한 현주소 가 기록되어 있다. 「보살주처품」에서 보살주처는 보살들의 주처, 즉 머물 러 있는 곳을 말한다. 일종의 보살들의 삶터에 대한 고대의 내비게이션 지도인 셈이다. 물론 이외에도 여러 경전에 보살들이 머무는 장소와 관련한 다양한 기록이 있다. 이 중 산과 관련된 내용들이 불교 성산의 근거가 된다.

보살들이 머무는 곳은 산만은 아니다. 그런데도 성산이 두드러지며 대두되는 것은, 고대로부터 유전되는 산악숭배의 영향 때문이다. 고대의 많은 민족은 구름에 가린 거대한 산꼭대기에 신들이 산다는 생각을 했다. 또 신령한 산은 때로 하늘로 통하는 통로가 되기도 한다. 단군이 내려온 태백산 신단수가 그렇고, 중국의 곤륜산이 그렇다. 모세의 시나이산 역시 예외가 아니다. 즉 고대로부터 유전되는 산악숭배 전통에 불교적인 보살 신앙이 입혀지면서 완성되는 것이 바로 특정한 산 전체가 신성화되는 성산 인식인 것이다.

중국 오대산 전경

우리나라의 2대 성산

중국에는 4대 성산(혹 영장靈場)이라고 해서 ❶관세음보살 – 보타산과 낙가산 ❷문수보살 – 오대산 ❸보현보살 – 아미산 ❹지장보살 – 구화산이 있다. 그러나 우리나라는 나라가 작다 보니, 대표적인 성산은 2곳밖에 없다. 남한의 오대산과 북한의 금강산이다.

『화엄경』「보살주처품」에는 문수보살이 동북쪽에 위치한 청량산에 살고 있다고 기록되어 있다. 청량산은 청량음료나 청량과자에서와 같이 '청량'이 깃든 산이라는 의미로 시원한 산이라는 뜻이다. 문수보살의 명확한 판단은 언제나 청량함을 부여해 주기 때문이다.

중대 적멸보궁을 관할하는
사찰인 오대산 월정사

오대산은 산의 봉우리가 동대·서대·남대·북대·중앙의 다섯 개 한 세트로 되어 있기 때문에 붙은 이름인데, 이 산의 다른 이름이 바로 청량산이다. 그래서 그런지 중국 오대산 한국 오대산 가릴 것 없이 무척이나 춥다. 경전에는 문수보살이 청량산에서 1만의 권속을 대동하고 있는 것으로 되어 있는데 중국과 우리나라의 오대산에 관해서도 이와 같은 내용이 기록되어 있다.[*]

자장율사가 당에서 유학하던 당시 중국 청량산에서 문수보살을 친견하게 되고 보살로부터 신라의 오대산에는 일 만의 문수보살이 거주하고 있다는 계시를 받아 귀국하게 된다. 이후 오대산의 문수신앙은 지속되어 조선 시대에도 그 기록을 살필 수 있다. 세조가 왕으로 등극한 후 병을 얻어 오대산 문수도량 상원사에서 병을 고치고자 목욕을 하며 지나가는 어린 동자승에게 등을 밀게 하였다. 목욕이 끝난 후 세조는 동자승에게 왕의 등을 밀었다고 말하지 말라고 당부하자, 동자승은 "임금께서도 문수동자를 친견했다"고 말하지 말라는 말을 남기고 사라졌다.

동아시아 사람들은 중국이 전통적으로 세계 최강의 문명국이라고 이해하곤 한다. 그러나 이는 거대한 중국문화에 경도된 인식으로 올바른 것이 아니다. 로마의 전성기 때 중국은 로마에 필적할 수 없었다. 그러던 것이 불교 왕조인 수나라와 당나라 시대가 되면서, 드디어 중국이 로마를 제치고 세계 최강국의 위엄을 떨치게 된다. 그래서 이때 "모든 길은 로마로 통한다"는 말이 "모든 길은 장안으로 통한다"는 말로 바뀌게 되는 것이다.

이 세계 제국 당나라의 동북방에 위치하고 있는 명산이 바로 오대산이다. 그래서 중국불교에서는 오대산이 문수보살의 삶터로 인식되는 것이다. 즉 당이라는 세계 제국의 영토 안에서 「보살주처품」의 내용을 토대로 파악한 곳이 바로 오대산이라는 말이다. 그러나 신라는 신라가 배제되는 이와 같은 관점을 인정할 수 없었다. 그래서 당의 영토를 넘어선 세계적인 관점에서 신라의 동북쪽에 오대산이 있어야 한다고 주장하게 된다. 이것이 바로 당나라와 신라에 오대산 문수성지가 존재하는 이유이다.

또 「보살주처품」에는 바다 가운데의 금강산에 법기보살이 1만 2천의 권속을 대동하고 머물고 있다는 내용도 있다. 이에 근거하여 고려의 원 간섭기에 만들어지는 것이 바로 강원도 금강산과 일만 이천 봉에 관한 주장이다. 금강산이 제아무리 수려한들 거대한 산맥이 아닌 일개 산인데, 어떻게 일만 이천 봉이 있을 수 있겠는가? 경전에 맞추다 보니 작은 기암괴석까지도 봉우리로 봐서 일만 이천이라는 숫자에 상응하도록 한 것이다. 또 금강산의 다양한 입석군을 두고 마치 보살들이 무리지어 부처님께 합장을 하는 것 같다고 하는 것도 바로 이와 같은 이유 때문이다.

금강산은 오대산처럼 고대로부터 전해지는 불교의 유서 깊은 성산은 아니다. 물론 금강산이 기암괴석이 즐비한 빼어난 명산이라는 점은 예전부터 인정되던 뿌리 깊은 인식이다. 이로 인해서 불교 이전부터 신선들의 거처인 봉래산이라는 이름이 붙어 있었다.* 그러던 것이 원 간섭기에 이르러 원이라는 세계 제국의 불교적인 세계관에 따라 금강산이라는 이름으로 개명改名하게 된다. 그러면서 금강산은 법기보살의 성산으로 거듭나기에 이른다.

금강산은 흔히 봄 – 금강산金剛山·여름 – 봉래산蓬萊山·가을 – 풍악산楓岳山·겨울 – 개골산皆骨山이라는 서로 다른 명칭으로 갈아입는 것으로 유명하다. 여기에서 풍악이란 강원도의 큰 일교차로 인해 단풍이 유독 아름다운 것을 이른 것이며, 개골은 흰색의 화강암 기암괴석이 즐비한 눈 덮인 겨울 풍광을 이르는 말이다. 그런데 이런 여러 이름을 제치고 불교적인 금강산이라는 명칭이 대표성을 가졌다. 즉 모든 전 시대의 가치들이 불교적인 성산 속으로 녹아든 것이다.

사실 금강산이 성산이 되는 데 직접적인 영향을 미친 것은 같은 강원도에 위치한 선배격 성산인 오대산이다. 그러나 금강산의 화려한 경관은 이후 오대산의 인기를 능가하게 된다. 그래서 〈정선아리랑〉에는 '강원도 금강산 일만 이천 봉 팔만 구 암자'라는 가사까지 등장하기에 이른다. 금강산에는 80,009암자라고 해서 실로 헤아릴 수 없는 암자들이 즐비했다는 것이다. 그러나 사실 팔만 구 암자는 팔람구암자八藍九庵子로, 8개의 대가람과 9개의 대표적인 암자를 말하는 것이 발음에 의해

●
중국 전설에서 발해만에 있다는 신선이 사는 곳인 봉래산, 방장산, 영주산을 가리켜 삼신산이라고 한다. 우리는 이 삼신산이 한반도 안에 있다고 보아, 금강산-봉래산, 지리산-방장산, 한라산-영주산의 구조를 완성하게 된다.

금강산의 입석

(왼쪽 위부터
시계방향으로)
유점사, 장안사,
표훈사, 신계사

서 와전된 것일 뿐이다. 또 8개의 대가람과 9개의 암자라는 표현 역시
모든 곳에 꽉 들어차 많다는 의미이지, 실질적인 숫자를 나타내는 것은
아니다.

　　그런데 실제로 금강산에는 4대 사찰인 유점사楡岾寺·장안사長安寺·
표훈사表訓寺·신계사神溪寺를 필두로 하는 많은 사찰이 있었다. 이는 오
대산에 월정사와 상원사를 중심으로 하는 많은 사찰이 존재했던 상황과
유사하다. 실제로『성종실록』의 권261에는 "강원도에는 사람이 적은데
도 금강산과 오대산에는 사찰이 매우 많으며, 거처하는 승려들을 헤아릴
수 없다"고 되어 있다.● 이것이 바로 조선 초기의 강력한 숭유억불기에도

●
『成宗實錄』261, 23年
(1492 壬子) 1月 17日(戊
子) 2번째 기사, "謙曰:
江原道人物鮮少, 而
有如金剛山(五)臺山,
寺刹甚多, 所居僧徒,
不知其幾"

유지되던 두 성산의 모습이다. 그런데 그 성산 중 한 곳은 빼앗긴 산하 속에서 쓸쓸함에 잠겨 있고, 남은 한 곳 역시 한국전쟁 과정에서 아군에 의해 전소된 뒤 복원되었지만, 성산이라는 관점은 잊혀진 채 망각되어 있다. 그러니 이제라도 부지런히 참배해서 묵은 때를 걷어 내고 예전의 찬란했던 전통을 다시금 일깨워야 할 것이다.

오대산과 금강산의 대표적 성산 이외에도 한국불교 안에는 이보다 조금 덜 중요한 성산이 두 곳 더 있다. 하나는 경기도 연천에 위치한 보개산寶蓋山으로, 이곳은 720년 이순석이 지장보살의 이적을 경험한 후 지장보살의 성산이 된다. 둘은 전남 장흥의 천관산(혹 지제산)으로 이곳은 천관보살의 성산이다. 천관신앙은 중국 절강성에서 연유한 것으로 장보고와 관련해서 한반도로 이식된 것으로 판단된다. 즉 우리 산하에는 많은 보살님이 함께하고 계신 것이다.

4.
3대
관음성지는
어디일까?

포대화상과 관세음보살

중국불교에서의 인기 1위는 단연 포대화상이다. 넉넉한 뱃살에 마음씨
좋아 보이는 살인미소는 보는 사람으로 하여금 절로 웃음을 머금게 하기
에 충분하다. 중국불교에서 포대화상은 우리의 사천왕문에 해당하는 천
왕전天王殿의 중간에 있다. 포대화상은 일종의 복신福神이자 재물신財物
神에 해당하는 인물이다.* 우리의 천왕문이 사찰과 불교를 수호하는 역
할만을 한다면, 중국의 천왕전은 여기에 포대화상을 통해 복록福祿을 주
는 긍정성을 함께 내포하고 있는 것이다.

흔히 사극에서 스님이 등장할 때 하는 상투어가 '나무아미타불 관세
음보살'이다. 그러나 사실 한국 사찰에서는 이렇게 아미타불과 관세음보
살을 연결해서 부르는 경우가 거의 없다. 이는 한국적이라기보다는 중국

풍이다. 중국 스님들이 상용하는 염불 방식이 사극에 차용된 것이다. 그
러나 이를 통해서 우리는 아미타불과 관세음보살이 언제나 스님들의 입
에 오르내릴 정도로 막대한 인기를 누리고 있다는 것을 알 수 있다.

　　포대화상이 스님과 종교를 넘어서 민중적인 인기를 구가하고 있다
면, 관세음보살은 다소 불교적인 제한된 인기를 누리고 있다. 이것이 관
세음보살이 포대화상에게 밀리게 된 이유이다. 즉 포대화상의 외연이 더
넓은 것이다. 실제로 중국 사찰에서 포대화상이 천왕전에 정면으로 배치
되어 일종의 사찰의 간판 같은 역할을 하고 있다면, 관세음보살은 대웅
전의 불상 뒤편에 모셔지는 것이 일반적이다. 이는 관세음보살이 부처님
을 받들어 두루 중생들의 바람을 성취시켜 주는 것을 상징하기 때문이

다. 그러나 방향으로만 본다면, 포대화상은 외적이고 관세음보살은 내적이라고 할 수가 있어 흥미롭다. 이것이 중국불교에서 관세음보살이 포대화상의 인기를 추월하기 어려운 이유가 아닐까.

변신의 귀재, 관세음보살

중국불교와 달리 우리나라에는 포대화상에 대한 부분이 없다. 한국불교는 중국불교의 영향을 받지만, 그렇다고 속없이 모두 따라 했던 것은 아니다. 그 대표적인 것이 바로 포대화상이다. 포대화상은 불교의 본래적인 부분이 아닌 중국의 자생적인 측면이기에 우리는 이를 수용하지 않았다. 그러다 보니 우리나라 불교의 인기 순위 1위는 단연 관세음보살이 된다.

관세음보살에 대한 대표적인 수식어에 천수천안千手千眼이 있다. 천수천안이란 천 개의 손과 천 개의 눈을 가졌다는 뜻인 동시에 무한한 능력을 의미하기도 한다. 즉 모든 곳을 두루 보아서 살펴 준다고 이해하면 되겠다. 실제로 불국사나 기림사의 관음전에는 천수천안의 관세음보살이 모셔져 있다.

그런데 관세음보살은 이보다도 중생들과 함께하는, 실천하는 모습으로 더 유명하다. 이를 응신應身이라고 하는데, 이는 상대에게 필요한 모습과 상태로 변신해서 어려움에 처한 이를 부담 없이 북돋아 주는 방식을 의미한다. 예컨대 어린아이에게는 어머니의 모습으로, 목마른 이에게는 청량한 음료수로, 힘들고 지친 이에게는 안식처로 나타나는 것 등이다. 즉 어떤 환경에서든 중생이 아픔을 극복하는 모습을 구현해서 도움을 주는 존재가 바로 관세음보살인 것이다.

불국사 관음전의
관세음보살상과
〈천수관음보살도〉

관음성지
경남 남해 보리암의
관세음보살상

관세음신앙과 관련된 대표적인 경전으로 『법화경』의 「관세음보살보문품」, 즉 『관음경觀音經』이 있다. 여기에는 관세음보살의 33응신에 대해 기록되어 있다.[•] 33이라는 숫자는 인도에서는 '전체'와 '모든'의 의미를 갖는다. 천수천안의 의미와 같이 모든 곳을 보고서 보듬어 안는 동시에, 어떤 것으로든 변화해서 중생을 구원하는 보살이 바로 관세음보살이다. 그렇기 때문에 관세음보살은 대승불교를 대표하는 가장 위대한 자비의 보살로 뭇 중생과 더불어 영원히 함께하는 것이다.

관세음보살에 둘러싸인 우리나라

관세음보살의 인기와 더불어 우리나라에는 여러 곳에 관세음보살 성지가 위치하고 있다. 현대의 조계종에서는 33이라는 상징적인 숫자와 관련해서 '33관세음성지'를 지정하기도 하였다.^{••} 그중 가장 전통적이고 대표적인 곳은 낙산사洛山寺·보문사普門寺·보리암菩提庵의 세 곳이다.

강원도 양양 낙산사는 불교 경전에서 관세음보살이 거처하는 곳으로 등장하는 보타낙가산을 축약해서 차용한 명칭으로, 의상대사가 관세음보살을 친견하고 창건한 사찰이다.^{•••} 특히 낙산사 홍련암 아래의 바닷물이 들어오는 바위굴인 관음굴觀音窟과 조음동潮音洞은 관세음보살이 머무는 곳으로 유명하다.

관세음보살은 처음에는 바다와 관련된 신앙 대상이었다.

• 관세음보살은 중생들이 괴로움에 허덕일 때 관세음보살의 이름을 불러 도움을 청하면 중생의 근기에 따라 몸을 나타내어 우리를 보호해 준다. 이때 나타나는 모습은 부처님이나 수행자인 경우도 있지만, 우리 주변의 이웃이나 어린아이의 모습 등 실로 다양하다. 즉 철저하게 맞춤형 서비스인 셈이다. 『법화경』「관세음보살보문품」에는 이런 모습이 33가지로 되어 있고, 『수능엄경』에는 32가지로 되어 있어 차이가 있다. 이외에도 세간에서는 관세음보살의 33가지 모습인 1.양류관음楊柳觀音, 2.용두관음龍頭觀音, 3.지경관음持經觀音, 4.원광관음圓光觀音, 5.유희관음遊戲觀音, 6.백의관음白衣觀音, 7.연와관음蓮臥觀音, 8.롱견관음瀧見觀音, 9.시약관음施藥觀音, 10.어람관음魚籃觀音, 11.덕왕관음德王觀音, 12.수월관음水月觀音, 13.일엽관음一葉觀音, 14.청경관음青頸觀音, 15.위덕관음威德觀音, 16.연명관음延命觀音, 17.중보관음衆寶觀音, 18.암호관음巖戶觀音, 19.능정관음能靜觀音, 20.아뇩관음阿耨觀音, 21.엽의관음葉衣觀音, 22.유리관음琉璃觀音, 23.다라존관음多羅尊觀音, 24.합리관음蛤蜊觀音, 25.육시관음六時觀音, 26.합장관음合掌觀音, 27.일여관음一如觀音, 28.불이관음不二觀音, 29.지련관음持蓮觀音, 30.쇄수관음灑水觀音, 31.마랑부관음馬郎婦觀音, 32.보비관음普悲觀音, 33.아마제관음阿摩提觀音을 말하는 경우도 있다. 이는 응신이라기보다는 다양한 모습의 관세음보살이라는 점에서 차이가 있다.

•• 33관음성지

보문사, 조계사, 용주사, 수덕사, 마곡사, 법주사, 금산사, 내소사, 선운사, 백양사, 대흥사, 향일암, 송광사, 화엄사, 쌍계사, 보리암, 동화사, 은해사, 해인사, 직지사, 고운사, 기림사, 불국사, 통도사, 범어사, 신흥사, 낙산사, 월정사, 법흥사, 구룡사, 신륵사, 봉은사, 도선사.

••• 『삼국유사』「낙산이대성」에 의하면, 의상대사가 오늘날 낙산사 홍련암이 있는 낙산에 관세음보살이 나타난다는 말을 듣고 총 14일을 기도하니 관세음보살이 나투셨다. 이때 '산 위에 두 그루 대나무가 솟은 곳에 전각을 지으라'는 말을 듣고 지은 곳이 현재의 낙산사 원통보전의 시원이다. 이로 인해 절 이름을 낙산사라 하였다.

낙산사 홍련암 전경.
전각 아래에 관음굴과
조음동이 위치하며,
홍련암 안에서 아래를
내려다볼 수 있도록
구멍이 뚫려 있어
무척이나 이채롭다.

그래서 인도 기록의 보타낙가산에 대한 묘사에는 '❶ 전면이 바다이고 후면이 산으로 된 지형'과 '❷ 독도와 같이 산으로 된 섬 지형'의 두 가지가 나타난다. 이 중 낙산사의 입지는 첫 번째를 따른 것이다. 관세음보살과 관련해서 파랑새를 관음조라 부르고, 자주색 대나무를 관음죽이라 하는데, 실제로 낙산사에 관음조가 나타났다는 기록이 여러 차례 신문기사화된 적이 있다. 또 중국의 보타산에는 자주색 대나무가 오늘날까지 존재하며, 범음동에는 파랑새가 종종 출몰한다.

동쪽에 낙산사가 있다면, 서쪽에는 보문사가 있다. 강화도에 위치한 보문사는 섬 속의 바위산에 관세음보살의 삶터가 존재한다는 이해를 차용한 것이다. 보문사는 보타낙가산의 축약인 낙가산에 위치한 사찰로, 여기에서의 보문普門이란 널리 두루 모든 소리를 듣는다는 의미이다. 보문이란 관세음觀世音, 즉 세상의 소리를 관조한다는 이름과 맞춘 관세음보살에 대한 가장 일반적인 수식이다.

끝으로 남쪽 금산의 보리암은 원효대사가 관세음보살을 친견했다는 전설이 어린 곳이다. 보리암의 보리bodhi는 인도말로 깨달음이라는 뜻이다. 즉 깨침의 전환이 있는 도량이라는 말이다.

낙산사의 동쪽과 보문사의 서쪽 그리고 보리암의 남쪽까지 우리나라는 바다와 접한 삼면을 관세음보살이 수호해 주고 있다. 즉 거대한 관세음보살의 도량이 바로 태양과 같은 동방의 빛, 우리나라인 것이다.

5.
지장보살의
성지는
어디일까?

인기는 신과 보살도 슬프게 한다

남자아이들이 주로 하는 컴퓨터 게임은 선과 악의 뚜렷한 이중구조로 되어 있다.『흥부전』같은 분명한 선악과 악의 징벌은 게임을 하는 동기와 몰입도를 좋게 하기 때문이다. 그러나 사실 게임 속에 등장하는 악마나 거대 몬스터들이, 한때는 한 문명을 대표하는 최고의 신들이었다는 것을 아는 이들은 몇 되지 않는 것 같다.

인간의 상상력은 자신이 전혀 경험하지 못한 대상에 대해서는 작동하지 않는다. 여러 가지의 경험적인 재료들을 다양하게 조합해야 새로운 상상이 비로소 가능하게 되는 것이다. 그렇기 때문에 몬스터라고 하더라도 전혀 새로운 캐릭터와 명칭을 만들어 내기보다는, 대부분 고대의 종교나 신화·전설을 차용하는 것이 일반적이다. 이렇다 보니 예전의 신들은 이제 악의 축이 되어 게이머에게 죽음을 당하는 처절한 존재로 재탄생하는 얄궂은 운명에 처하게 된다. 이것이야말로 사라진 종교에 대한 2차적인 모독이자 잊혀진 신들의 비극이라 이를 만하다.

　그런데 불교의 보살 역시 인기도에 따라서 대우가 완전히 달라지곤 한다. 관세음보살은 대세지보살과 함께 아미타불을 보좌(협시脅侍)하는 존재이다. 일종의 극락 패밀리라고나 할까? 문수보살 역시 보현보살과 더불어 석가모니불을 돕는다. 이 역시 패밀리인 것이다. 그런데 지장보살은 단독이기 때문에 함께하는 대상이 존재하지 않는다. 마치 집단을 이루며 생활하는 사자와 혼자 사냥하는 호랑이의 차이라고나 할까.

용문사 아미타삼존불좌상

고려불화
〈지장독존도(입상)〉

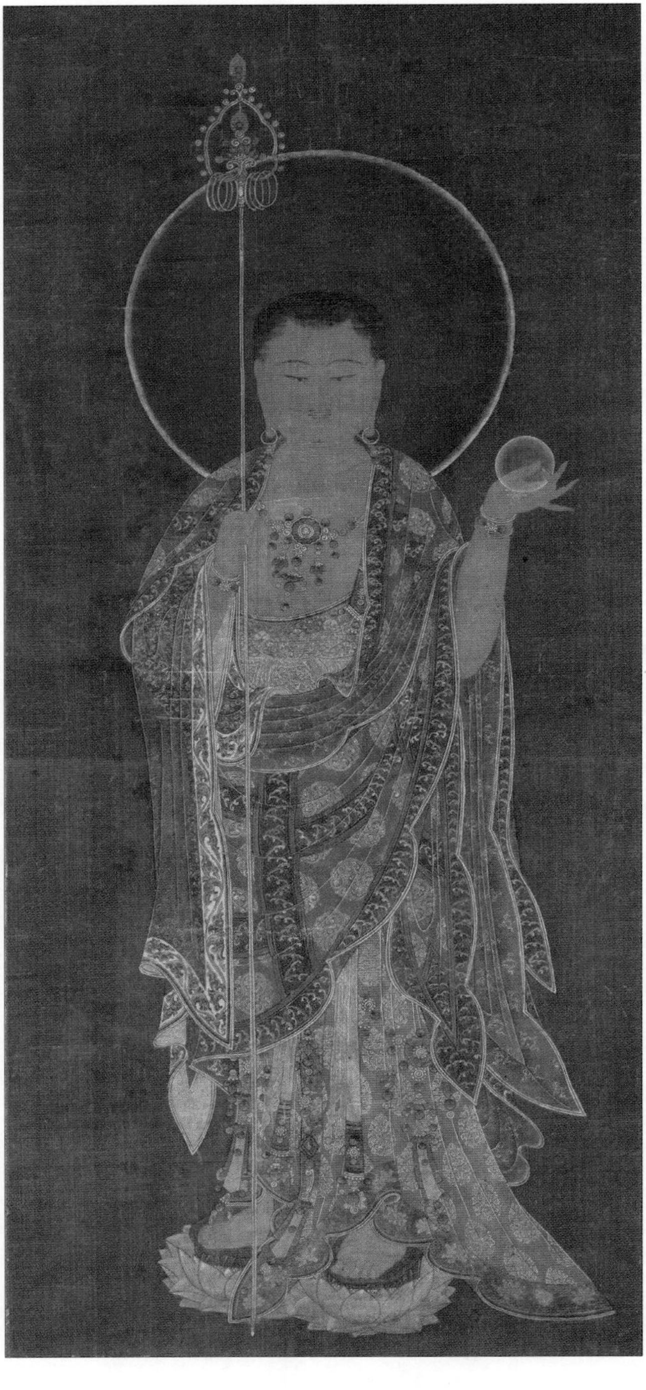

그런데 이러한 외로운 지장보살이 죽은 영혼을 천당과 극락으로 인도하는 구원자라는 의미와 더불어 인기가 급상승하게 된다. 그래서 고려 말에 이르면 거대한 신앙의 지각변동을 촉발하기에 이른다. 지장보살이 대세지보살을 탈락시킨 채 관세음보살과 더불어 아미타불의 도움보살이 되면서 새로운 극락 패밀리로 대두하는 것이다. 이는 고려불화에서부터 확인되어 오늘날에 이르기까지 유전되는 한 흐름이다. 즉 지장보살의 인기가 극락신앙에 있어 거대한 쓰나미를 만들어 낸 것이다.

지장보살은 어떤 분인가

우리나라는 전통적으로 하늘에 대고 맹세하는 풍습이 있다. 이는 태양과 관련된 하늘숭배의 유풍이다.* 또 조상이나 부모님을 걸고 맹세하는 경우도 있다. 이는 동아시아 특유의 강한 조상숭배 문화, 즉 맨이즘manism과 관련된 측면이다.

그런데 인도는 우리와 달리 땅을 증명 삼아 맹세하는 문화가 있다. 그래서 부처님께서도 깨달음을 얻으실 때 오른손을 늘어뜨려 땅을 짚으셨던 것이다. 이는 땅, 대지에 대한 전통 신앙이 존재한다는 것을 의미한다. 인도의 대지 신앙과 관련된 측면이 바로 지장보살이다. 그러나 지장보살은 이후 외연을 확장해서 땅속의 지옥 중생 구제라는 성격을 띠게 된다. 연결된 가치 속에서 사업 영역이 대대적으로 확장된 것이다.

인간이 가진 불완전함은 죽음에 대한 잠재적인 공포와 왜소함을 만들어 낸다. 또 동아시아의 효 문화는 사후에 조상님을 좋은 곳으로 인도하려는 천도薦度라는 관점을 이끌어 냈다. 이와 같은 배경 속에서 지장보

●
『삼국유사』의 「단군신화」에는 하느님으로 환인이 등장한다. 환인은 환한 것의 원인이라는 뜻으로 태양 및 태양숭배를 나타낸다. 이는 배달, 즉 '밝다'나 백의민족으로 연결된다. 환인은 불교와 섞이는 가운데 인도 신들의 왕인 제석천과 결합한다. 이로인해 「단군신화」에서 환인은 석제환인이라는 명칭으로 등장하게된다.

오른손을 늘어뜨려 대지를
짚고 있는(항마촉지인)
불국사 석굴암의 본존불.

248

살은 마침내 염라대왕을 압도하는 절대 권력을 가진 변호사로서, 죽은 영혼을 천도시켜 주는 존재로 거듭나게 된다. 이로 인해 지장보살을 사후의 '유명幽冥세계의 주인[幽冥敎主]'이라고 하는 것이다.

또 지장보살은 유산이나 영유아 사망률이 높았던 전통 사회에서, 어린이들을 지키고 보호해 주는 신앙 대상이 되기도 한다. 현대사회에서는 교통사고의 위험으로부터 보호를 요청받는 신앙의 대상이기도 한데, 죽음과 관련되는 모든 문제의 신앙 대상이 된다고 하겠다. 이쯤 되면 죽음의 불확실성에 대한 인간의 불안감과 결합되어 왜 지장보살이 높은 인기를 구가하게 되었는지 이해할 수 있다.

지장보살의 성지, 도솔산 선운사

중국에서는 지장보살을 다른 보살보다 유독 존중해서 지장왕보살地藏王菩薩이라고 부른다. 지장보살은 대승불교의 보살 중에서도 왕, 즉 최고의 으뜸인 것이다.˚ 또 중국인들이 숭배하는 지장보살은 안휘성 구화산에서 활동한 당나라 때의 인물인 신라의 왕족(혹 왕자) 출신 김지장(696~794) 스님이다. 김지장을 김교각金喬覺이라고도 하는데, 교각이라는 명칭은 청나라 때 문헌에서 처음 나오는 것이므로 신뢰하기는 어렵다. 아무튼 중국인들은 김지장이라는 실존 인물을 지장보살과 일치시켜 이해하고 있다. 실제로 오늘날까지 중국불교에서는 지장보살이라고 하면, 으레 김지장을 언급하는 것으로 알 정도이다.

그런데 이상하게도 한국불교에서는 '지장보살 = 김지장'이라는 등식이 거의 성립되지 않는다. 김지장이 신라의 왕족 출신이었다는 점을 고려한다면, 이러한 중국적인 유행에는 나름의 아쉬움이 남는 대목이 아

●
지장보살이 특별히 지장왕보살로 존숭받는 이유는 두 가지 때문이다. 첫째는 명부의 염라대왕을 비롯한 10대왕을 좌지우지한다는 의미에서 왕중왕과 같은 권위를 가진다는 점, 둘째는 지장보살의 서원인 '지옥의 모든 중생이 깨달음을 얻어 지옥이 비기 전에는 붓다가 되지 않겠다.'는 위대한 서원 즉 대원大願 때문이다. 이 서원은 다른 보살들의 서원을 넘어서는 대원이므로 왕보살이 될 수 있는 것이다.

중국 구화산

보개산 석대암의
지장보살상

널 수 없다.*

중국과 달리 한국불교는 지장보살과 관련해서, 김지장보다는 본래 경전에 나타나 있는 지장보살을 추구한다. 우리나라의 대표적인 지장보살 성지는 경기도 연천의 보개산 석대암이다. 그러나 보개산은 한반도의 중부에 위치하기 때문에 한국전쟁 과정에서 파괴되었다. 이로 인해 신령한 석조 지장보살상 또한 강원도 철원의 심원사 명주전으로 옮겨지게 된다. 즉 피난을 가신 셈이다. 명주전明珠殿은 지장보살이 손에 명주(여의주)를 들고 있기 때문에 이를 전각의 명칭으로 차용한 것이다. 현재 보개산의 석대암 쪽은 민간인 통제가 완화되면서, 원심원사를 중심으로 점차 옛 모습을 회복해 가고 있다.

북쪽의 보개산 석대암과 대비되는 남쪽의 지장보살 성지는 전북 고

* 김지장은 신라에서 당나라로 건너갈 때, 신라 차를 가지고 갔다고 한다. 이것이 오늘날까지 구화산에 전해지는 금지차金地茶, 즉 김지장金地藏의 차茶이다. 또 반려견인 선청善聽을 데리고 갔다고 하는데, 이를 삽살개(천연기념물 제368호)나 경주개인 동경이(천연기념물 제540호)로 보는 시각도 있다. 만일 이것이 사실이라면, 김지장은 한국 역사상 최초의 반려견을 대동한 유학승이라고 하겠다. 실제로 중국의 지장보살과 관련해서는 언제나 선청이 등장하며, 우리나라 고려불화〈지장보살도〉에도 개와 같은 동물(혹 금모사자)이 등장하는 경우가 네 점 존재한다.

지장보살과 시왕
(983년 제작, 돈황에서 발견.
현재는 프랑스 기메박물관
소장)

253

선운사 도솔암

창 선운사의 암자인 도솔암이다. 이곳에는 보물 제280호로 지정되어 있는 고려 시대의 도솔암 금동지장보살좌상이 모셔져 있다. 그런데 이외에도 선운사의 지장보궁地藏寶宮에는 보물 제279호 금동지장보살좌상이 더 있다. 이 보살상은 본래 관음전에 모셔져 있다가 1936년 도난당해 일본으로 반출되었는데, 이 불상을 매입한 일본인의 꿈에 나타나 '나는 선운사에 있었으니 돌려보내 달라'고 요청한다. 이후로도 여러 사람의 꿈에 계속해서 나타나 결국 1938년 11월 선운사로 되돌아오기에 이르렀고, 현재 선운사에서는 지장보궁을 단장해서 모셔 놓고 있다. 적멸보궁에서 사용되는 '보궁'이라는 표현을 보살에 사용한 예는 선운사가 유일

하다. 이는 영험한 지장보살을 통해서 도솔산 선운사가 지장 성지임을 분명히 하려는 의지로 이해된다.

이러한 두 금동지장보살상 외에도 선운사의 참당암懺堂庵 약사전에는 전라북도유형문화재 제33호로 지정되어 있는 석조지장보살좌상이 한 분 더 있다. 선운사에서는 이 세 분의 지장보살을 합해서 우리 전통의 천·지·인 삼재에 견주어 천장天藏·지장地藏·인장人藏이라고 한다. 그러나 이는 서로 다른 시대의 불상들을 하나로 엮는 방식으로는 긍정적이지만, 지장 신앙에서 원래부터 확인되는 측면은 아니다. 또 선운사가 도솔산이라는 미륵 신앙과 관련된 곳에 위치해 있으며,* 각각의 지장보살이 도솔암과 관음전 그리고 약사전에 모셔져 있었다는 점 역시 역사적인 여러 번의 신앙 변화를 나타내고 있다. 그러나 현재 선운사가 세 분의 지장보살을 중심으로 하는 한국불교 최고의 지장 성지임은 부정할 수 없는 사실이다.

● 도솔산은 현재 미륵보살이 계시는 도솔천을 상징하는 명칭이다. 이 미륵보살이 도솔천에서 내려올 때(하생下生), 우리의 세계는 성숙되어 이상적인 모습을 띠게 된다.

선운사 도솔암
금동지장보살좌상(왼쪽)과
지장보궁
금동지장보살좌상(오른쪽)

6.
외국인은
어떤 사찰을
좋아할까?

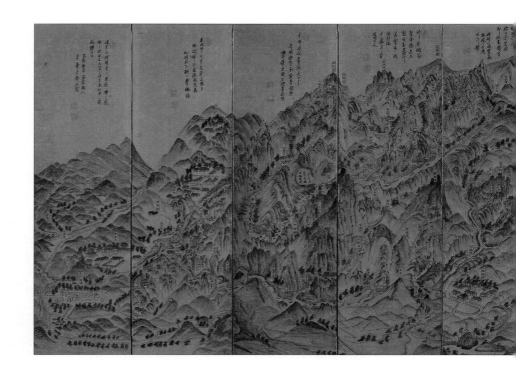

산수화와 모나리자

동양의 수묵산수화水墨山水畵를 보면 언뜻 산수만 보이고 사람은 없는 것 같다. 산수화라는 이름부터 인간보다는 자연이 우위라는 것이 단번에 드러나는 표현이다. 그러나 자세히 보면, 우리는 아주 작은 사람들이 여기저기에 산재해 있는 것을 발견하게 된다. 마치 스머프처럼 작게 표현된 인간들은 표정조차 구분하기 어려운 모습이다. 그러나 그들이 대자연 속에서 행복한 일상에 잠겨 있다는 것을, 우리가 전체적인 흐름 속에서 이해해 보는 것은 그리 어렵지 않다.

중국 북송 시대 회화론을 집필한 곽희郭熙(1020?~1090?)는 그의 『임천고치林川高致』에서 "물에 뗏목과 나루터 그리고 다리를 그리는 것은 사

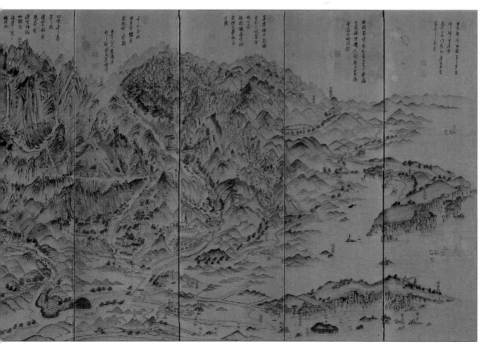

〈금강산도〉

257

김식 〈산수도〉

람이 사는 모습을 나타내기 위함이다"라고 하였다. 즉 자연을 이용한 간접적인 묘사를 통해서 인간의 삶을 표현하는 것, 이것이 바로 동양의 산수화이다. 그러므로 산수화에는 사람이 없어도 사람이 있는 것이며, 사람이 있어도 자연을 거스를 정도로 두드러지지 않는다.

　그러나 모나리자를 생각해 보자. 그것은 거대한 증명사진과 같은 인간 중심의 그림이다. 사람들이 모나리자를 떠올릴 때는, 특유의 신비한 미소와 유명한 눈썹 없는 여성의 이미지 때문에 자연에 대한 표현이 존재하지 않는다고 생각한다. 그러나 모나리자의 배경에는 버젓이 산수가 그려져 있다. 즉 동양화가 산수에 가려진 인간을 표현하고 있다면, 서양화는 인간에 가려진 자연을 나타내고 있는 것이다. 이는 동서의 뚜렷한 미감 차이를 분명하게 대비해 준다.

　이와 같은 동서의 관점 차이는 오늘날 사진을 찍는 관점으로까지 그대로 유전된다. 그래서 만일 에펠탑을 배경으로 사진을 찍는다면, 동양인들은 에펠탑이라는 배경이 모두 나오는 상태에서 사람도 나오는 거대한 구도를 잡는다. 소위 '짤리면' 안 된다는 강박관념이 있는 것이다. 이에 비해서 서양인들은 배경과 관계없이 인물을 중심으로 하는 단순한 사진을 찍는다. 즉 산수화와 모나리자로 대비되는 동서의 미감 차이는 오늘날까지도 엄연히 현존하고 있는 것이다.

　또 동양화의 일종인 수묵화가 먹과 붓에 의해 일회성으로 완성되는 것에 비해서 서양의 유화는 덧칠하는 방식을 통해 철저하게 계산된 작가의 의도를 표현해 낸다. 여기에도 자연스러운 일회성과 인위적인 통제라는, 서로 다른 관점이 존재한다. 이러한 미감의 차이로 동양인과 서양인이 좋아하는 우리의 사찰 역시 확연히 구분된다.

1
2   3

1. 한국 사찰의 기둥
2. 중국의 간판
3. 일본 신사의 도리이

비슷하면서도 서로 다른 동아시아 삼국

크게 보면 세계를 동양과 서양으로 양분해 볼 수 있지만, 좀 더 자세하게 살핀다면 동양 안에서도 한·중·일의 미감 표현은 또 다르다. 마치 우리는 유럽에서 프랑스인과 이탈리아인을 구분하지 못하지만 그들끼리는 서로의 차이를 분명하게 인지하고 있는 것이나, 또 반대로 유럽인들은 한·중·일 삼국인을 구분하지 못하지만 우리 스스로는 그 차이를 단번에 아는 것과 같다.

　이러한 차이는 동아시아의 삼국이 공통적으로 붉은색을 좋아하지만 중국은 빨강을, 우리는 어두운 팥죽색과 같은 적갈색을 그리고 일본은 밝은 주홍색을 선호하는 것을 통해서도 알 수 있다. 또 처마 선 역시 우리 것이 자연스러운 소박함이라면, 중국 것은 더욱더 자연스럽고자 하여 하늘로 치켜 올라가는 양상을 보이며, 일본의 그것은 자연을 조절해서 절제하려는 인위적인 모습을 보여 준다. 즉 동양의 삼국이 공통적으로 붉은색을 선호하고 유사한 목조건축의 처마 선 구조를 가지고 있음에도, 그 속에는 각기 다른 미묘한 차이점이 존재하는 것이다. 이는 동아시아인들 안에서도 선호하는 사찰이 서로 다를 수 있다는 것을 의미한다. 즉 미와 문화적인 관점에 따라서 또 다시 세부적인 호불호가 갈리게 되는 것이다.

불국사와 선암사 그리고 부석사

서양인들이 우리나라에서 가장 선호하는 사찰은 불국사이다. 불국사는 석굴암과 더불어 한국불교를 대표하는 유네스코 세계문화유산이다. 그

261

1
2 3

1. 한국 사찰의 처마 선
2. 중국의 처마 선
3. 일본의 처마 선

불국사
다보탑

263

불국사 측면의 석축

불국사 석단의 인위적인
네모 안에 배치된
자연석 막돌의 모습

러나 우리나라의 다른 사찰들이 자연적인 지세를 그대로 활용해서 불교적인 이상향으로 승화시킨 것과 달리, 불국사는 대규모의 석축과 석단을 만드는 인위적인 작업을 통해 완성된 사찰이다. 그렇기 때문에 불국사의 완성에 무려 39년*이 걸린 것이다. 그러나 불국사의 석축과 다보탑에서 보여지는 자연스러움을 내포하는 인위적인 통제는 서양인의 미감에는 맞춤으로 들어맞는다. 그 결과 불국사는 서양인들이 가장 좋아하는 사찰이 되었다. 불국사에 구현된 자연을 통제하는 인위의 미감에 서양인들은 매료되고 있는 것이다.

불국사의 조형에서 보여지는 인위적인 통제 양상은 석굴암을 통해서 더욱 깊이 있게 확인할 수 있다. 인도나 중국 석굴사원의 영향을 받았음에도 불구하고, 우리의 석굴암은 그들을 넘어서 더욱 치밀하게 설계된 전면적인 인공 석굴이다. 굳이 이렇게까지 할 필요가 있었을까 싶을 정도의 고도로 지적인 균형과 비례의 미감이 바로 석굴암인 것이다.

실제로 석굴암 본존불의 눈은 치켜 올라간 성난 눈에 콧대의 길이는 짧다. 또 광배는 불상으로부터 멀찍이 떨어진 건너편 벽에 위치하고 있다. 그러나 이는 본존불을 높은 곳에 모시는 과정에서 눈이 처지고 코가 길어 보이는 착시 현상을 보정하기 위한, 마치 배흘림기둥과 같이 치밀하게 의도된 표현일 뿐이다. 또한 광배 역시 불상과 거리를 둠으로써 시각적인 깊이감과 신비감을 극대화하려는 고도의 계산된 선택인 것이다.** 더구나 공학적으로 1,300년 동안 온도 차에 의한 결로結露가 발생하지 않도록 한 기술의 탁월성에 대해서는 현대의 과학자들도 감탄을 금치 못하는 측면이다.

이에 비해서 일본인들은 전남 순천의 선암사仙巖寺에 주목한다. 선암사는 일본풍의 정원 양식을 바탕으로 조경되어 있는데 한겨울을 제외하고는 꽃이 끊이지 않는다. 또 단아한 건물의 배치는 일본인의 미감에 잘

신라 최대의 사찰인 황룡사조차 553년(진흥왕 14)에 불사를 시작해 17년 만인 569년에 완성되었다. 또 당시 동아시아 최대의 목조 건축물인 약 80미터에 달하는 황룡사 구층목탑은 645년에 착공되어 이듬해인 646년에 완공된다. 이를 통해서 불국사 공사 기간이 무척 길었다는 것을 알 수 있다. 그 이유는 석단 공사의 규모가 컸기 때문으로 추정된다.

석굴암 본존상과 광배의 거리는 2미터가 넘는다. 이렇게 광배가 배치되면, 시선의 초점이 본존상의 얼굴에 맞춰질 때 주변 광배가 흐릿하게 보이면서 신비함이 극대화되는 효과가 나타나게 된다.

265

선암사
승선교와 강선루

선암사 대각암의
대각국사 부도와
대각국사 진영

부석사 무량수전.
편액의 글씨는
공민왕의 친필이다.

부합한다. 그래서 선암사는 일본인이 가장 선호하는 사찰이 되는 것이다. 특히 선암사가 위치한 조계산은 산의 양쪽에 각각 송광사와 선암사라는 대찰이 자리하고 있어, 한 산에 두 곳의 본사가 있는 '1산 2본사'로도 유명하다.

　또 선암사는 고려의 도선국사가 풍수지리적으로 부족한 사찰터의 기운을 보충하기 위해서[補氣法], 1철불一鐵佛·2보탑二寶塔·3부도三浮圖를 모셨다는 전설이 있다. 한 분의 철불은 현재 각황전覺皇殿에 모셔져 있고,▪ 두 보탑은 대웅전 앞에 있으며, 부도는 다른 사찰과 달리 현재까지도 세 곳에 나뉘어 조성되어 있다. 또 선암사는 고려 문종의 넷째 아들인 대

▪
선암사 철불의 존재는 땅에 묻혀 있다는 전설로만 전해지고 있었다. 그러던 것이 1980년대 후반 한 사람의 꿈에 지속적으로 나타나며 위치를 가르쳐 준 덕분에 마침내 발굴된다. 이 철불이 발굴된 자리에 세워진 전각이 현재의 각황전이다. 이렇다 보니 이 각황전은 참배공간이 아닌 스님들의 거주공간 속에 위치하게 되고, 이 때문에 참배가 용이하지 않은 측면이 있다.

안양루 쪽에서 바라본
소백산

268

각국사大覺國師(義天, 1055~1101)가 오래도록 주석한 곳으로도 유명하다. 그래서 산내에 대각암大覺庵이 있고, 이곳에 대각국사의 부도가 모셔져 있다. 또 선암사 성보박물관에는 대각국사의 것으로 전해지는 가사袈裟와 진영眞影이 보존되어 있다.

끝으로 언급할, 한국인이 특별히 사랑하는 절은 소백산 부석사浮石寺이다. 부석사는 의상대사가 창건한, 아미타불을 중심으로 하는 화엄 사상의 사찰이다. 그렇기 때문에 주불전은 아미타불이 모셔진 무량수전無量壽殿이 된다. 또 아미타불은 열반에 들지 않기 때문에 무량수전 앞에는 붓다의 열반을 상징하는 탑이 없는 것으로도 유명하다.•

부석사는 한국 화엄종의 대표 사찰로, 과거에는 사세가 웅장했으며 3단에 걸친 거대한 가람배치를 이루고 있었다. 그러나 세월의 상흔과 더불어 현재는 자연스러운 소박미로 사람들과 편안하게 마주하고 있다. 이러한 상황에서 극락을 나타내는 안양루安養樓 쪽에서 바라보는 소백산의 잔잔한 능선들이 빚어내는 선율은 자연과 조화된 산사의 깊고 고즈녁한 천연의 풍광을 연출하고 있다. 이것이 방치해서 내버려 둔 듯한 자연을 사랑하는 한국인의 미감과 깊게 조우하면서, 우리의 심성에 가장 부합한 사찰로 자리하게 된다.

또 부석사에는 중국에 유학한 의상대사를 사랑한 당나라 여인 선묘善妙의 죽음에 얽힌 애절한 사랑 이야기••와 매일 밤 스승인 의상대사를 위해서 하가산下柯山 골암사鶻嵓寺에서 신통으로 팔을 늘려 석등의 등불을 밝혔다는 오진悟眞 스님의 전설이 서려 있어 신비하면서도 묘하게 따뜻하다. 부석사의 가을은 언제나 소백산을 품에 안고서, 그 자체로 말 없는 한 편의 시가 되어 깊은 신품神品의 정취를 자아낸다.

<원융국사비명圓融國師碑銘>에 따르면, 아미타불은 열반에 들지 않기 때문에 좌우보처와 탑을 모시지 않았음이 기록되어 있다.

•• 의상은 669년 상선을 타고 중국 동쪽 해안 도시인 등주에 도착한다. 이곳에서 불교 신도의 도움을 받는 과정에서, 집주인의 딸인 선묘가 의상을 흠모하게 된다. 후에 의상은 당나라가 서해를 통해 신라를 침공하려던 상황을 문무왕의 동생인 김인문을 통해서 파악하고, 이 소식을 전하기 위해 671년 급히 귀국길에 오른다. 이때 선묘에게조차 알리지 못했는데, 이에 충격을 받은 선묘는 바다에 투신해서 용으로 재탄생하게 되고 의상의 귀국길을 보호한다. 677년 의상이 부석사를 창건하려고 할 때, 그곳에는 삿된 무리 500명이 선점하고 있었다. 이때 선묘는 바위로 변해서 하늘로 떠올라 이들을 굴복시켰다. 이 바위가 바로 무량수전 옆에 놓여 있는 부석(뜬돌)이라고 한다(혹은 용인 선묘가 신통으로 바위를 들어 올렸다고도 한다). 오늘날까지 부석사에는 1칸 크기의 작은 추모공간인 선묘각과 선묘의 우물인 선묘정이 있다.

7.
삼사순례와
방생을 하는
이유

금생今生을 초월하는 인과와 복덕

2018년 사망한 영국의 천체물리학자 스티븐 호킹(1942~2018)은 루게릭 병을 앓고 있는 장애인이었다. 그런데 왜 스티븐 호킹은 이런 병으로 고통을 받아야만 했을까? 기독교 같은 유신론 종교에서는 이를 신의 재앙으로밖에는 설명할 수 없다. 왜냐하면 현생만을 놓고 본다면, 이 문제의 발생 원인을 효과적으로 설명하는 것이 어렵기 때문이다. 이러한 문제는 선천적으로 장애를 가지고 태어난 사람에게는 큰 괴로움을 줄 수 있다. 이는 신이 의도한 고통이라는 판단이 성립하기 때문이다. 만일 그렇지 않다면 이것은 신의 실수가 된다.

반면 불교는 금생의 원인을 전생에서 찾는 방식으로 문제의 해법에 접근한다. 즉 어제의 원인이 오늘의 결과를 낳고, 또 오늘의 행위가 내일이라는 미래를 초래하듯이, 생을 넘어서는 연속적인 흐름이 존재한다는 것이다. 부처님은 현재 악행을 하는 사람이라도 악의 열매가 아직 익지 않았으면 그 과보를 받지 않으며, 선한 사람이라도 그 열매가 익지 않으면 고통스러울 수 있다고 말한다. 즉 불교의 인과론은 과학에서와는 달리 전생과 현생 및 내생이라는 삼생을 말하고 있는 것이다.[•]

●
삼세인과론
모든 사물의 생성과 변화에서 원인이 되는 상태가 있으면 반드시 결과가 되는 다른 상태가 따라 일어난다는 인과론을 과거생, 현재생, 미래생의 삼세로 확대해서 설명하는 이론.

　사람이 사는 데 있어서 노력이라는 것처럼 중요하고 숭고한 가치도 없다. 그러나 이와 더불어 선천적인 환경과 복 역시 무척이나 중요하다. 왕자로 태어난 사람의 운명은 기본 배경의 차이에 의해서 평민과는 당연히 다를 수밖에 없다. 키 큰 사람이나 인물이 출중한 사람, 또 머리가 좋게 태어난 사람이나 지구력이 좋은 사람 등 태생적인 차이 역시 삶에 막대한 영향을 미치는 부분이라는 것을 누가 쉽사리 부정할 수 있겠는가? 바로 이러한 우월성을 우리는 어떻게 이해해야 하는 것일까? 불교에서는 이것을 전생의 행위에 따른 공덕의 결과라고 말한다.

　사람의 인생이란 백화점에 주차하는 것과 유사하다. 멀찍이 빈 공간이 있어도 앞 차가 먼저 점유하면 내 것이 되지 못한다. 가장 좋은 것은 내 바로 앞에서 주차된 차가 빠져 주는 것이다. 이것이 바로 복이다. 물론 이런 복보다 더 좋은 것은 VVIP가 되어서 발레파킹 서비스를 이용하는 것이다. 이는 전생의 복이 누적되어 발현된 태생적인 우월한 환경으로도 생각될 수 있겠다.

　또 우리가 주변을 살펴보면, 준비되지 않았을 때는 기회가 왔다가 준비된 후에는 기회가 없는 분들이 있다. 그런데 운이 좋은 사람은 준비되는 동시에 기회가 와서 단 한 번에 바로 결과가 난다. 이것이 간발의 차와 적중의 차이인 것이다. 이것을 불교에서는 단순히 운이라고만 보지 않고 전생에 쌓은 마일리지, 즉 복의 결과로 이해한다. 단순히 운이라는 무책임한 주장보다는 이 역시 삼생이라는 흐름 속의 합리적인 인과율일 뿐이라고 설명하고 있는 것이다.

인간은 행복하기 위해서 사는 동물이다. 이런 점에서 유복有福한 것이야말로 가장 중요한 덕목 중 하나이다. 그러나 감나무 밑에서 감이 떨어지기를 기다리는 방식으로는 결코 복을 구할 수 없다. 그래서 불교에서는 실천적이고 노력하는 복 짓기를 강조하는 것이다. 이것이 바로 사회를 발전시키고 조화롭게 가꾸어 가는 이타행이자 보살행이라고 하겠다.

정월과 삼사순례

정월正月 하면 흔히 1월을 떠올린다. 그러나 정월이란 1월을 의미하는 것이 아니라 한 해의 기준이 되는 달이라는 의미이다. 예전에는 왕조에 따라서 한 해의 기준을 다르게 정하고는 했다. 중국의 주周나라와 같은 경우는 정월이 현재의 11월이었고, 설날이 바로 동짓날이었다. 태양이 부활하는 동지를 기준으로 한 해를 시작했던 것이다. 이는 오늘날까지 동지를 작은설이라고 부르며, 동지팥죽을 먹으면 나이를 한 살 더 먹는다는 속설로 유전되고 있다.

정월은 기준이 되는 달이므로 어떤 달로도 옮겨질 수 있지만, 오늘날은 정월이 곧 1월이다. 그래서 '정월 = 1월'이라는 생각이 있지만, 앞서 설명했듯 정월과 1월은 본래 다른 개념이다. 정월에는 한 해가 새롭게 시작되기 때문에 '첫 단추를 바로 꿰어야 한다'는 말에서처럼, 한 해의 흐름을 좌우한다는 인식이 있다. 우리의 전통 풍습에도 '일 년의 액은 정초에 도액度厄한다'고 해서, 1년의 모든 안 좋은 일은 설에서 정월 대보름 사이에 물리친다고 생각했다. 그래서 오늘날까지도 정초의 세시풍속이 정월

정월 대보름의
세시풍속 중
달집태우기

정월 대보름 안에
이루어지는 삼사순례

우리의 전통 명절은 크게 홀수가 겹치는 명절과 농사와 관련된 보름 명절의 두 가지가 있다. 홀수가 중첩되는 명절은 1월 1일(설), 3월 3일(삼짇날), 5월 5일(단오), 7월 7일(칠석), 9월 9일(중양절)이 있다. 그리고 보름 명절은 1월 15일(정월 대보름), 6월 15일(유두), 7월 15일(백중 또는 우란분절), 8월 15일(한가위)이다. 이 보름 명절 중 가장 대표적인 것이 '더도 말고 덜도 말고 한가위만 같아라.'라고 하는 한가위이다. 그러나 정월 보름 역시 일반적인 보름이 아니라 '대보름'이다. 이는 농사도 중요하지만, 한 해를 무탈하게 보내기 위해 재앙을 물리치는 벽사의 측면 역시 이에 못지 않게 중요하다고 판단했기 때문이다.

대보름을 정점으로 모두 마쳐지는 것이다.

정초의 세시풍속에는 모든 삿된 것을 물리친다는 의미도 있지만, 그와 동시에 복조리를 거는 것처럼 모든 복되고 길함을 불러온다는 측면도 있다. 즉 나쁜 일은 물리치고 좋은 일은 불러오는 것이다. 그래서 불교에서는 정월에 부처님께 정초 기도를 올리고 대보름 이전에 삼사순례와 같은 사찰순례를 가게 된다.

윤달이란 태음력에서 날짜와 계절 사이에 차이가 발생하는 부분을 3년에 한 번씩 가공의 허수 달을 넣음으로써 오차를 수정하는 방식이다. 윤달이란 기본의 12월의 평달과는 다른 +α의 추가 개념을 가진다. 그러므로 윤달을 이익과 손해가 없는 공달이라고 한다. 즉 12달의 평달이 이익의 달과 손해의 달이라는 뚜렷한 색깔을 가지고 구분된다면, 윤달은 이들과는 다른 회색 달인 것이다. 그래서 전통적으로 윤달에 이장을 하거나 미리 묏자리나 수의를 장만하곤 한다.

그런데 불교에서는 윤달이 빈 그릇과 같기 때문에 무익무해하지만, 또한 동시에 바로 그렇기 때문에 복을 채워서 긍정으로 전환해 삶의 버팀목이 될 수 있다고도 설명한다. 즉 쓰임새 없이 버려지고 끝나는 것이 아니라, 이를 잘 가공해서 좋은 동량으로 승화시키자는 것이다.

이것이 바로 윤달에 행해지는 삼사순례이다. 삼사순례란 유서 깊은 세 곳의 사찰을 답사함으로써 성지의 좋은 기운을 통해 복을 심고 종교적인 보호를 입으려는 노력이다. 즉 좋은 것은 증장하고 나쁜 것은 사라지게 하는 보호막을 형성하는 행위가 바로 삼사순례이다. 마치 백지에 데칼코마니가 찍히듯, 아무것도 없는 윤달에 성지 사찰의 복된 기운이 그대로 옮겨오게 되는 것이다.

또 윤달에는 예수재라고 해서 미래에 지을 삿된 잘못들에 대해서 미리 참회하는 의식을 행하기도 한다. 행위가 발생하기도 전에 미리 참회

한다는 것은 일견 이해가 안 될 수도 있다. 그러나 건강이 염려될 때 미리 보약을 먹거나 예방접종을 받는 것 정도라고 생각하면 되겠다. 또 이는 윤달에 묏자리를 잡아 놓는 것과 유사한 불교적인 관점이라고도 하겠다.

이외에 윤달에는 스님들께 가사를 지어 드려 공덕을 쌓기도 한다. 가사는 불교를 상징하는 수행복으로 과거에는 이를 복전이라고 했다. 복전이란 하나의 복을 심어서 만을 거두는 복밭이라는 의미이다. 또 윤달에 가사공양을 올리는 것은 수의를 만드는 것에 대한 불교적인 변용이기도 하다.

윤달이라는 회색 달에 공덕과 복덕을 심어서 삶을 윤택하게 하고 종교적인 신념을 굳건히 하고자 하는 것, 이것이 바로 불교의 윤달 의례이다.

방생과 살리려는 마음

정초순례에는 반드시 방생의식이 포함된다. 방생이란 죽어 가는 생명을 살리는 자비의 마음이며, 생 자체를 귀하게 여기는 인간됨의 덕스러움이다. 즉 방생을 통해서 보다 적극적인 선의 실천과 의지를 드러내는 것이다.

방생은 죽음에 직면한 생명을 안타까워하면서 살리는 행위이다. 그러나 거기에서 진정 귀한 것은 그렇게 하고자 하는 내 마음이다. 즉 방생을 통해서 살게 되는 생명도 중요하지만, 그보다 더 핵심적인 것은 이와 같은 행위를 통해서 씻겨지고 거듭나는 나의 마음이다.

불교는 마음의 종교이며 마음의 철학이다. 불교에서 화를 내지 말라는 것은 화를 내게 되면 상대의 기분도 상하게 하지만 실은 내 마음의 평정이 무너지기 때문이다. 우리 속담에 '남에게 피를 뿜으려고 하는 이는 먼저 그 입이 더러워진다'는 말이 있다. 이처럼 남을 위하기에 앞서 나를 되돌아보고, 이를 통해서 다시금 타인을 비추어 보는 것, 이것이 바로 불교 가르침의 참의미인 것이다.

미꾸라지가
용이
된다?

황하의 용문과 잉어

중국 문명의 시원을 잉태한 황하. 황하가 흐르는 산서성 하진시 용문진龍門鎭에는 앞서 목어를 설명하면서 잠시 언급한, 등용문의 전설이 서린 물이 합류하는 곳에 존재하는 단층으로 된 나지막한 폭포가 있다. 흔히 폭포라고 하면 나이아가라폭포와 같이 좌우로도 거대하고 높이도 높은 것을 연상하기 쉽다. 그러나 용문은 폭은 넓지만 높이는 낮아서 거대한 물계단과 같은 양상을 연출할 뿐이다.* 이런 환경 때문에 물살을 거스르는 속성의 물고기들이 물을 거슬러 튀어 오르는 모습을 보이게 된다. 여기에서 유래된 이야기가 바로 등용문, 즉 용문을 올라가는 잉어는 용이 되어 승천한다는 내용이다.

● 월정사의 금강연도 용문과 유사한 지형으로 되어 있다. 이로 인해 이곳에도 등용문의 전설이 존재한다.

월정사의 금강연

〈어변성룡도(약리도躍鯉圖)〉
(왼쪽)와
오뚜기 달마(오른쪽)

神鯉沖霄潛爲祀虞兵遭波
開金鏡浦浪雄海門高珠山情
倆區雲送氣自豪狂登蟾桂窟
岐紫峽清採
　　　　　　辛卯秋日畫扵釜舍之
　　　　　南軒　紫蓮

물고기가 용이 된다는 어변성룡魚變成龍은 과거에 급제하여 입신출세하는 것을 상징한다. 그래서 예전에는 중국과 우리나라에 이런 물고기가 변신하는 그림이 유행하곤 했다. 또 등용문의 전설로 인해서 현대에도 입시 학원에 등용문 학원이 있고, 중국인들은 정초에 입시를 앞둔 수험생에게 잉어 그림을 선물하는 풍속이 있다. 또 승진이나 성공을 원하는 이들도 잉어 그림을 걸어 두고 의지를 다지며 출세를 기원하고는 한다.

중국인들에게 잉어 그림이 있다면, 일본인에게는 넘어져도 다시 일어나는 오뚜기 달마가 있다. 불굴의 의지를 가진 달마대사와 넘어져도 다시 일어나는 오뚜기를 결합한 것이 바로 오뚜기 달마이다. 일본인들은 이 달마상을 모셔 두고 자신의 각오를 다진 뒤 달마상에 눈동자를 그려 넣는다[點眼]. 자신의 목적을 성취하기 위한 불굴의 의지를 새기는 것이다. 이렇게 해서 자신의 각오와 목적을 확고부동하게 재정립하게 된다.

왜 하필 미꾸라지인가?
물고기가 용이 된다면, 모든 물고기가 용이 될 수 있는 것일까? 등용문 전설에는 잉어가 등장하는데, 혹시 용이 되는 물고기가 따로 있는 것은 아닐까?

동아시아의 전통에는 수염을 신성시하는 전통이 있다. 수염은 남성이면서 어른이 가지는 대표적인 특징이다. 그렇다 보니 수염에는 위엄이라는 문화적 상징성이 내포된다. 이와 같은 관점이 물고기에도 그대로 적용되는 것이, 수염 난 물고기를 더 높고 신성한 물고기로 판단하는 인식이다. 사실 물고기의 수염이란 인간의 그것과는 다른 것으로, 흐린 물속의 바닥에서 촉수 역할을 하는 것일 뿐이다. 즉 어두운 시야를 보완하는 기능을 위한 부위이다. 그런데 이를 인간의 관점에서 이해하면서 '수염 난 물고기 = 신성한 물고기'로, 그리고 이는 다시금 '수염 난 물고기 = 용이 될 수 있는 물고기'라는 등식을 완성하게 된다. 이렇게 놓고 본다면, 사실 이는 인식의 오류에 근거한 재미있는 판단일 뿐이라고 하겠다.

수염 난 물고기가 용이 된다는 인식은 우리 속담에 '미꾸라지 용 됐다'는 것으로까지 전개된다. 이 말은 별 볼 일이 없는 하찮음이 최고로 바뀌었다는 것이다. 그런데 왜 하필 그것이 미꾸라지일까? 그 이유는 미꾸라지가 수염 있는 물고기 중 가장 흔한 물고기였기 때문이다.

예전에는 물고기에도 급이 있었다. 그래서 제사상에는 비늘 없는 물고기는 올리지 않았고, 꽁치·삼치·갈치와 같은 '치' 자가 들어가는 물고기도 사용할 수 없었다. 즉 이들은 비늘이 있고, 잉어·고등어와 같이 '어' 자가 들어가는 물고기보다 급이 낮은 천한 존재였던 것이다. 그래서 신성한 제사상에는 감히 올려질 수가 없었다.

물고기의 등급을 나누는 기준의 정점에는 용이 될 수 있느냐의 유무가 있다. 그리고 이와 같은 관점에서 봤을 때, 미꾸라지는 용이 될 수 있는 가장 구하기 쉬운 물고기이다. 바로 이 점이 오늘날까지도 방생에 미꾸라지가 이용되는 이유이다. 또 일부에서는 방생에 거북을 이용하기도 하는데, 이 역시 현무라는 거북용과 관련된 전통 때문이다. 즉 방생과 관련해서 우리는 그 이면에 동아시아의 신성한 용에 대한 추구가 존재한다는 것을 알 수 있는 것이다.*

동아시아의 용은 스스로를 극기해서 자신을 완성하는 동물로 최고를 상징한다. 이로 인해 황제나 군주의 모든 부분을 용에 비견하곤 하였다. 이는 임금의 얼굴을 용안龍顔이라고 한 것이나, 왕가의 후손을 용종龍種이라고 하는 것 등을 통해서 확인해 볼 수가 있다.

방생과 용에 대한 추구

동아시아에서 가장 강력한 토템이 바로 용이다. 이러한 동아시아 전통이 불교적인 방생 의식과 결합되어 완성되는 것이 용이 될 수 있는 물고기를 풀어 주는 방생이다.

방생은 생명을 살리는 자비의 마음이다. 그러나 여기에는 나에게서 풀려난 생명이 용이 되어 은혜 갚음을 하면 좋겠다는, 혹시나 하는 막연한 기대감도 깃들어 있는 것이다. 이와 같은 이중성이 바로 인간의 마음이다. 또 이러한 혹시나 하는 생각이 방생의 대상을 미꾸라지로 얽어매고 있는 것이다. 그러나 고통에 처한 존재에게 아픔을 느끼고 함께하는 정신, 그것이 진정 귀한 것임을 자각해야 한다. 즉 방생은 수단일 뿐, 목적은 온전히 나에게 매여 있다는 말이다.

왕궁 천장의
쌍용 문양(위)과
곤룡포(아래)

사진 출처

ICOMOS한국위원회_18 ㅣ 경주국립박물관_23 109 ㅣ 국립고궁박물관_281 ㅣ
국립민속박물관_256 258 278 ㅣ 국립중앙박물관_130 234 ㅣ 한국관광공사(김지호)_57 119
169 266(상) ㅣ 김형주_217(우1) ㅣ 동국대불교아카이브사업단_106 186 ㅣ 자현스님_16 36(우2)
38 40 42 59 61 70(우) 124 125 126 128 165(우) 225(상) 226(좌1,2 우1,2) 228 229 237 246
250 253 277 ㅣ 문화재청_33 63 88(좌1,2 우1) 91 95(좌1,2 우1,2,3) 96(좌) 115 118 123(좌)
128 175(하) 214 217(좌2 우2) 248 255(좌1 우1) 266(하 좌우) 281 ㅣ 범어사성보박물관_178 ㅣ
봉은사_54 ㅣ 송광사성보박물관_208 209 ㅣ 쌍계사성보박물관_78 160(좌1) ㅣ 운흥사_129 ㅣ
위키백과_27 35 36(좌 우1 우3) 71 95(좌3) 97 111 113(중 우) 140 167 ㅣ 통도사성보박물관_58 ㅣ
하지권_66 76 ㅣ hatty321_20 ㅣ 연합뉴스_242 ㅣ 미국메트로폴리탄미술관_246 ㅣ
여실화_40 42 ㅣ 도솔암_254

세상에서 가장 쉬운 불교

초판 1쇄 발행 2021년 4월 14일
초판 9쇄 발행 2025년 4월 14일

❋

지은이   자현
펴낸이   오세룡
편집   박성화 손미숙 윤예지 정연주
기획   곽은영
디자인   쿠담디자인
              고혜정 김효선 최지혜
그림   배종훈
홍보·마케팅   정성진

❋

펴낸곳   담앤북스
              서울특별시 종로구 새문안로3길 23
              경희궁의 아침 4단지 805호
              편집부 02-765-1250 영업부 02-765-1251
              전송 02-764-1251
              전자우편 dhamenbooks@naver.com

❋

출판등록 제300-2011-115호

❋

ISBN 979-11-6201-288-8 (03220)
정가 19,000원

❋